《会计师事务所对项目负责人的配置及其经济后果——基于上市公司的经验证据》为本人在博士论文的基础上,结合后续发表在《中国会计与财务研究》《China Journal of Accounting Studies》上的研究成果编撰而成。在此再次感谢薛爽教授对博士论文的细心指导。

同时本专著受教育部人文社科研究青年基金(13YJC790183)、上海高校青年教师培养资助计划(ZZLX120002)、上海市教委重点学科会计学课题(J51701)、立信会计学术专著丛书基金的资助。

立信会计 LIXIN ACCOUNTING
学术专著
总主编 邵瑞庆

会计师事务所对项目负责人的配置及其经济后果

—— 基于上市公司的经验证据

叶飞腾·著

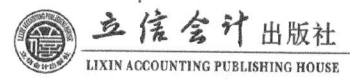

立信会计出版社
LIXIN ACCOUNTING PUBLISHING HOUSE

图书在版编目(CIP)数据

会计师事务所对项目负责人的配置及其经济后果：基于上市公司的经验证据/叶飞腾著. —上海：立信会计出版社,2015.8

(立信会计学术专著)
ISBN 978-7-5429-4669-0

Ⅰ.①会… Ⅱ.①叶… Ⅲ.①上市公司－会计制度－研究－中国 Ⅳ.①F279.246

中国版本图书馆CIP数据核字(2015)第172768号

责任编辑　黄成艮
封面设计　周崇文

会计师事务所对项目负责人的配置及其经济后果
——基于上市公司的经验证据

出版发行	立信会计出版社			
地　　址	上海市中山西路2230号	邮政编码	200235	
电　　话	(021)64411389	传　　真	(021)64411325	
网　　址	www.lixinaph.com	电子邮箱	lxaph@sh163.net	
网上书店	www.shlx.net	电　　话	(021)64411071	
经　　销	各地新华书店			
印　　刷	江苏凤凰数码印务有限公司			
开　　本	787毫米×1092毫米	1/16		
印　　张	10.75	插　　页	2	
字　　数	174千字			
版　　次	2015年8月第1版			
印　　次	2015年8月第1次			
书　　号	ISBN 978-7-5429-4669-0/F			
定　　价	34.00元			

如有印订差错,请与本社联系调换

序

会计是一门与社会经济环境密切相关的学科。回眸会计的发展史,会计学科始终随着社会经济的发展而发展,不断地实现理论的突破和实践的创新。当今的经济全球化、资本市场国际化以及会计的国际趋同,为会计理论的发展和实务的创新提供了契机,并形成了会计研究的累累硕果。

"中国现代会计之父"潘序伦博士开创的立信会计事业,以诚信会计思想而享誉海内外。进入新世纪后,上海立信会计学院会计学科进入了一个新的发展时期。"立信会计学术专著"系列展示的是上海立信会计学院会计学科的学术研究成果,选题涉及会计、财务管理和审计的主要前沿领域,内容着重引介和评价这些领域的理论发展和方法创新,并试图对这些领域的理论发展与方法创新有所贡献,从中也体现了上海立信会计学院会计学科正在形成的理论研究与应用研究并重、突出应用,直接服务于国家与上海地方经济的研究特色。

学术研究的魅力在于发展与创新,"立信会计学术专著"系列所追求的是能够对会计理论有所发展,对会计方法有所创新,哪怕所进行的发展与创新是十分微小的。如果列入"立信会计学术专著"系列出版的每本专著都能对会计理论的发展与方法的创新有所贡献,能够得到同行的一点认同,也算达到了我们编辑出版"立信会计学术专著"系列的目的了。

摘 要

审计项目负责人是指会计师事务所中负责某项业务及其执行,并代表会计师事务所在业务报告上签字的主任会计师或经授权签字的注册会计师。鉴于审计项目负责人主导着整个审计业务活动,并对审计业务的总体质量承担领导责任,因此在会计师事务所的内部治理、质量控制中,一个重要的环节就是会计师事务所如何为上市公司审计项目组选派项目负责人以及如何更换项目负责人。项目负责人的正确选派和合理更换对质量控制起着至关重要的作用。

现有文献普遍认为在某一时刻会计师事务所会提供一个单一水平的审计质量。然而,安然公司的审计失败案例表明,即使是像安达信这样的五大会计师事务所,它的各个分所之间的审计质量也不能保持在同一水平。实际上,会计师事务所是由准独立的分所所组成的一个分权化的网络组织(Reynolds and Francis 2000),或者更进一步,会计师事务所是一个合伙人联合体(刘峰、张立民和雷科罗 2002)。因此,执业会计师的审计质量是一个值得进一步研究的课题(Francis and Yu 2009;Choi et al. 2010;胡本源 2009)。而本书中的审计项目负责人就是执业会计师,因此考察项目负责人分派和变更是对现有文献的重要补充。

本书的第一部分通过考察会计师事务所如何分派项目负责人和更换项目负责人来研究如何配置项目负责人。具体地,我们从事务所质量控制和项目负责人—客户关系两种角度出发,实证检验了如下四个问题:①会计师事务所是否为风险较高的客户配置经验较丰富的项目负责人?②会计师事务所是否根据项目负责人所负责项目的审计质量来更换项目负责人?③项目负责人与客户之间的亲密关系是否会阻碍会计师事务所更换项目负责人?④项目负责人与客户发生冲突的情况下,项目负责人变更有什么样的经济后果?其中第一和第二个问题从会计师事务所质量控制角度出发,第三和第四个问题从项目负责人—客户关系角度出发。本书的主要研究发现和主要研究结论如下:

第一,本研究发现,会计师事务所总体上并没有按照质量控制原则分派审计项目负责人。表现为针对本书所考察的客户风险特征,会计师事务所没有为其配置执业经验较丰富的项目负责人,而且现有证据表明,某些风险特征较高客户的项目负责人的执业经验显著地较低。但相对小所而言,大所在项目负责人分派上更加符合质量控制的要求。

第二,会计师事务所没有按照质量控制的原则更换审计项目负责人。首先,从截面数据、水平模型看,会计师事务所没有更换审计质量较差的项目负责人。其次,从变化模型看,会计师事务所也没有更换审计质量下滑的项目负责人。最后,会计师事务所也没有更换出具"过松"审计意见的项目负责人。

再次,项目负责人—客户关系会阻碍会计师事务所更换项目负责人。与客户关系较强的项目负责人被更换的概率显著低于关系较弱的项目负责人。

最后,项目负责人变更会导致审计意见购买。前期获得非标审计意见的公司,更换项目负责人后,能够显著地改善审计意见,即存在审计意见购买行为。客户越重要,可以对会计师事务所实施更大的压力,越可能出现更换项目负责人达到审计意见购买。会计师事务所的规模可以"抑制"这种审计意见购买行为,规模较大的会计师事务所"抵抗"客户压力的能力较强,而且会计师事务所内部质量控制也较好,因此通过变更项目负责人改善审计意见的可能性越小。此外,我们发现项目负责人更换后,后任项目负责人的执业经验明显的更少。最后,2002年CICPA(中国注册会计师协会)加强对会计师事务所变更的监管后,上市公司通过变更会计师事务所方式进行审计意见购买的成本增加,因此,上市公司转而采用更加隐性的方式——更换项目负责人来改善审计意见。

这一部分的研究结果表明,总体上会计师事务所在配置项目负责人上并没有严格按照质量控制的要求进行配置,相反,客户因素在项目负责人的配置上起着重要作用。通过这一部分研究,本书拓展了会计师事务所质量控制的文献,现有关会计师事务所质量控制的大样本研究主要集中于会计师事务所质量控制的具体措施及其实施效果。比如:客户组合管理、会计师事务所和合伙人签字轮换等。但缺乏对质量控制体系所处的会计师事务所内部治理环境的分析。会计师事务所治理中的一个重要问题是会计师事务所如何进行分权和监督(PCAOB 2004),而会计师事务所如何分派项目负责人恰好体现地是会计师事务所如何进行分权,会计师事务所是否按审计质量更换项目负责人正是会计师事务所分权之后监督项目负责人的一种重要机制。因此,本研究补充了会计师事务所质量控制文献,并有助于我们理解会计师事务所内部治理和质量控制的情况。其次,本书发现,项目负责人与客户的关系会阻碍事务所更换项目负责人,补充了现有的会计师—客户关系(Auditor-Client Relationship)文献。这说明项目负责人与客户之间的亲密关系不仅会降低审计质量,而且还通过阻碍会计师事务所更换项目负责人的方式破坏会计师事务所的"自我纠正"措施。因此监管层在制定会计师事务所质量控制准则时应该尤其注重项目负责人的独立性问题,防止项目负责人与客户之间形成过分亲密的关系。最后,本书对项目负责人变更经济后果的研究拓展了审计意见购买文献,本书把审计意见购买(opinion shopping)研究的视角从会计师事务所转移到项目负责人身上,研究表明客户不仅可以通过变更会计师事务所来购买审计意见,还可以通过对会计师事务所"施压",通过更换项目负责人的方式来购买审计意见。因此监管层不仅应当加强对会计师事务所变更的监管而且也应该注意对项目负责人变更的监管。

第二部分本书考察了项目负责人与客户关系对会计师事务所维系客户的影响以及从行业专长角度考察项目负责人行业专长配置的经济后果。研究发现：①在项目负责人与客户关系对会计师事务所维系客户的影响上，如果负责某家上市公司年报审计业务的项目负责人不再为原会计师事务所签字或离开原会计师事务所，那么由该项目负责人负责签字的上市公司更换会计师事务所的可能性显著提高。尤其是当项目负责人跳槽到另一家具有证券审计资格的会计师事务所时，客户变更会计师事务所的可能性更高。这说明紧密的会计师—客户关系能够帮助会计师事务所留住客户，对会计师事务所而言具有重要价值。②项目负责人行业专长会对审计任期与审计质量之间的关系产生显著的影响：项目负责人长审计任期能够提高审计质量，但主要是体现在项目负责人缺乏行业专长的时候。而当项目负责人具有行业专长时审计任期与审计质量之间的正相关关系减弱。这说明，当项目负责人缺乏行业专长时，审计任期延长带来的客户特定知识效应超过了独立性降低的负面效应。而当项目负责人具备行业专长时，审计任期延长带来的客户特定知识效应并不明显，审计任期与审计质量的正相关关系显著降低。

通过第二部分的研究，本书对项目负责人—客户关系方面的文献以及审计师行业专长方面的文献都有所贡献。在项目负责人—客户关系方面：第一，与现有关于项目负责人"跳槽"的文献相比，本书的研究视角有所不同。现有文献主要关注两个问题：①哪些因素影响客户跟随还是不跟随项目负责人？②这种跟随行为(用来识别项目负责人—客户关系)是否影响了会计师事务所的独立性，进而降低审计质量。王少飞等(2010)尝试回答第一个问题，他们发现跳槽之前客户的盈余管理程度越高，客户越可能跟随项目负责人变更到新的会计师事务所中。另外一些学者(Blouin et al. 2007；Chen, Liu et al. 2009；Chen, Su et al. 2009；Chen et al. 2010)探讨了第二个问题，他们发现这些跟随项目负责人的客户,在变更后第一年并不一定能够获得更"友好"的审计意见。但在跟随后第二年和第三年的审计质量却显著地下降(Chen et al. 2009)。总之,这些研究认为保持或者获得更"友好"的审计意见是客户变更会计师事务所、跟随项目负责人的原因。与已有观点不同,本书试图提出另外一种解释即基于项目负责人——客户关系的资产专用性投资假说。我们的实证结果也支持资产专用性投资假说而不是低质量审计需求假说。第二,当考察项目负责人——客户关系的削弱对客户换所的影响时,我们的数据能够进一步考察事务所与客户关系的不同受损程度。第三,当项目负责人跳槽时,客户依次要做出两步决策。第一步决策是客户选择是否变更会计师事务所,如果第一步的决策是换所,才有第二步决策:是否变更到与原项目负责人相关联的会计师事务所。从现有文献看,绝大多数都是直接研究第二步决策。即在给定客户换所的情况下,客户是否跟随项目负责人及其动因和相关经济后果,未对客户第一步决策进行研究。我们认为第一步决策更基础,客户只有在做出选择变更会计师事务所的决策后,才需要决定是否跟随原项目负责人(Xue et al. 2013)。在审计师行业专长方面:第一,本研究将行业专长和审计任期对审计质量的影响拓展到项目负责人(即签字会计师水平),丰富了签字会计师水平的研究。此外在拓展Gul等(2009)时,我们不仅仅从项目负责人这一"微观"的层面考察审计任期问题,而且还发现同时考察会计师事务所审计任期和项目负责人审计任期时,项目负责人的审计任期更加重要,同时考察事务所行业专长和项目负责人行业专长对审计任期与审计质量关系的影响时,项目负责人行业专长更加重要。第二,我们研究结果表明,由于行业专长与审计任期的客户特定知识效应存在替代关系,因此在行业专长审计师样本中长审计任期带来的主要是独立性的下降。一个符合逻辑的推论就是,如果对行业专长项目负责人进行强制轮换,那么在提高审计师的独立性的同时,对审计师专业胜任能力的影响较小,因此强制轮换的效果较好。

关　键　词

事务所质量控制　项目负责人配置　项目负责人更换　项目负责人—客户关系　审计意见购买　审计师变更　审计师行业专长　审计任期

目 录

第1章 导论 ·· 1
  1 研究动机 ·· 1
  2 研究思路 ·· 5
  3 研究发现 ·· 8
  4 研究贡献 ·· 9
  5 本书结构安排 ···································· 10

第2章 文献回顾和制度背景 ························· 12
  1 会计师事务所水平的研究文献 ····················· 14
  2 会计师事务所分所/项目负责人水平的研究文献 ······ 25
  3 制度背景和相关法律法规 ·························· 30

第3章 理论分析和研究假说 ························· 39
  1 项目负责人配置的两种理论 ······················· 39
  2 研究假说 ·· 42

第4章 研究设计 ···································· 47
  1 数据来源 ·· 47
  2 变量定义 ·· 49
  3 回归模型 ·· 56

第5章 项目负责人配置——会计师事务所质量控制视角 ··· 60
  1 会计师事务所是否为高风险客户配置了执业经验较丰富的项目负责人？ ·································· 60
  2 会计师事务所是否更换审计质量较差的项目负责人？ ···· 67

第6章 项目负责人配置——项目负责人—客户关系视角 ·············· 82
1 项目负责人—客户关系与会计师事务所对项目负责人的配置 ········ 82
2 项目负责人配置与审计意见购买 ····························· 86

第7章 项目负责人—客户关系与会计师事务所变更 ················ 99
1 引言 ·· 99
2 理论分析和研究假说 ······································· 101
3 研究设计 ··· 103
4 多元回归 ··· 106
5 结论 ··· 110

第8章 项目负责人行业专长、审计任期与审计质量 ················ 112
1 引言 ··· 112
2 文献评述和研究假说 ······································· 114
3 研究方法设计 ··· 117
4 实证结果和解释 ··· 124
5 结论和政策含义 ··· 138

第9章 全文总结 ··· 140
1 研究结论和启示 ··· 140
2 局限性和未来研究方向 ····································· 143

参考文献 ··· 145

第 1 章 导　论

本书考察会计师事务所对项目负责人的配置及其经济后果？共分为两部分，第一部分为会计师事务所如何配置项目负责人？第二部分从项目负责人—客户关系、项目负责人行业专长角度考察配置的经济后果。为了行文的方便，本书将第一部分内部作为一个整体在第 1 章至第 6 章中论述，第 7 章论述项目负责人—客户关系对会计师事务所维系客户的影响，第 8 章论述项目负责人行业专长对审计任期与审计质量关系的影响。

我们首先考察第一部分的内容，即会计师事务如何配置项目负责人？具体包括会计师事务所如何分派项目负责人以及如何更换项目负责人？本章将分别陈述这部分研究的研究动机、研究思路和框架、研究发现、贡献和结构安排。

1　研究动机

随着中国资本市场的成熟和进步，为上市公司提供审计服务的会计师事务所也取得了长足的发展，会计师事务所的规模不断扩大。国内一些会计师事务所尤其是已具规模的事务所的发展已经到了一个拐点，那就是需要完善会计师事务所的内部组织架构和内部治理机制，确保事务所风险和质量控制措施有效实施，从而保证审计质量（周忠惠 2009）。正如财务报告信息质量取决于上市公司的内外部各种治理机制的有效运行，会计师事务所能够履行上市公司会计信息的签证职能，保证审计质量，同样取决于事务所内部各种治理机制的协调、有效运行。

会计师事务所的内部治理和质量控制建设越来越受到监管层的重视（PCAOB 2003,2004,2010；中国注册会计师协会 2010）。中国注册会计师协会

(CICPA)在2006年对原有的《中国注册会计师质量控制基本准则》进行了修订,并颁布了新的质量控制准则——《会计师事务所质量控制准则第5101号——业务质量控制》和《中国注册会计师审计准则第1121号——历史财务信息审计的质量控制》。CICPA(2010)又发布了关于加强会计师事务所质量控制制度建设的意见,以进一步加强会计师事务所质量控制体系的建设。美国公众公司会计监督委员会(PCAOB)的常设咨询小组(SAG,Standing Advisory Group)近期把如何制定和执行质量控制体系列入其议事日程,并着手新质量控制准则的制定(PCAOB 2010)[①]。正因为如此,PCAOB表达了对有关会计师事务所质量控制研究的兴趣。

审计项目负责人是指会计师事务所中负责某项业务及其执行,并代表会计师事务所在业务报告上签字的主任会计师或经授权签字的注册会计师[②]。鉴于审计项目负责人主导着整个审计业务活动(包括:对整个审计业务进行指导、监督;检查项目组成员是否违反职业道德;检查审计业务的独立性情况;复核已实施的审计工作等)并对审计业务的总体质量承担领导责任[③],因此,在会计师事务所的内部治理、质量控制中,一个重要的环节就是事务所如何为上市公司审计项目组选派项目负责人以及如何更换项目负责人。项目负责人的正确选派和合理更换对质量控制起着至关重要的作用。事务所如何设计机制以在事前预防项目负责人丧失独立性、事中监督项目负责人、事后惩罚或奖励项目负责人对事务所的总体质量控制起着重要的作用。但现有的文献中鲜有针对项目负责人的研究,对项目负责人选派和更换的研究更是凤毛麟角。这是本书的第一个选题动机。

本书的第二个选题动机在于:现有文献普遍认为,在某一时刻会计师事务所会提供一个单一水平的审计质量。然而,安然公司的审计失败案例表明,即使是像安达信这样的五大会计师事务所,它的各个分所之间的审计质量也不能保

---

① 此外,PCAOB调查经济危机对审计风险的影响,表明虽然事务所应对经济危机对审计的影响而采取了一系列措施:发布技术指导、增加培训、采纳新的审计工具、增加额外的审计程序以及加强对项目组人员的监督等,但是调查发现的众多审计缺陷意味着事务所的质量控制仍然存在较大缺陷,会计师事务所的质量控制体系需要进一步改善。

② 《会计师事务所质量控制准则5101号——业务质量控制》第3条第2款。

③ 我们在第2章第3节的事务所质量控制部分,详细论述了项目负责人在项目的质量控制中所承担的责任。

持在同一水平。事实上,会计师事务所是由准独立的分所所组成的一个分权化的网络组织(Reynolds and Francis 2000),或者更进一步,会计师事务所是一个合伙人联合体(刘峰,张立民,和雷科罗 2002)。因此,执业会计师的审计质量是一个值得进一步研究的课题(Francis and Yu 2009;Choi,Kim,Kim,and Zang 2010;胡本源 2009)。Francis 早在 1999 年就提出:重要的审计问题,例如:事务所—客户匹配、审计市场结构、审计收费、审计报告以及独立性问题应该用基于更"微观"的城市水平的审计单元数据重新进行研究。DeFond 和 Francis (2005)倡议研究审计行为应更多采用合伙人水平后。此后,沿着这一研究方向,出现了一些基于更"微观"分析水平(包括城市水平、办公室水平、合伙人水平)的审计研究文献(Francis,Stokes,and Anderson 1999;Reynolds and Francis 2000;Craswell,Stokes,and Laughton 2002;Lennox 2005;Carey and Simnett 2006;Chen,Su,and Wu 2010;Chen,Sun,and Wu 2010)[1]。本书正是沿着这一类文献的发展思路,展开了对项目负责人选派和变更的研究。因为项目负责人既是执业会计师也是更"微观"水平的审计单元。因此考察项目负责人分派和变更的情况与目前审计文献发展的方向相符。

此外,现有的有关合伙人(签字会计师)的研究变量很可能是内生的,这使得对签字会计师的研究必须更加深入,进而签字会计师的选派和更换研究显得十分必要。比如有关签字会计师审计任期对审计质量影响的研究,目前未能得出一致的结论。既有研究发现随着签字会计师审计任期的延长审计质量出现下降(Carey and Simnett 2006),也有研究发现签字会计师的审计任期越长审计质量越高(Chen,Lin,and Lin 2008;刘启亮和唐建新 2009),已有文献对这一结果解释完全套用了事务所层面审计任期的理论,即出现负面作用解释为:随着审计任期的延长,签字会计师与客户的关系过于亲密,进而导致审计独立性下降;对于出现正面作用解释为:随着审计任期的延长,签字会计师对客户的特定知识(Specific Knowledge)积累越多,因此审计质量越高。但是合伙人水平的研究并不是仅仅把分析单位从事务所水平缩小为合伙人水平,基于合伙人水平的研究

---

[1] 针对审计市场结构(Francis,Stokes,and Anderson 1999),针对客户重要性对审计师独立性的影响(Reynolds and Francis 2000;Craswell,Stokes,and Laughton 2002;Chen,Sun,and Wu 2010),针对审计任期、审计师强制轮换(Carey and Simnett 2006;Chen,Lin,and Lin 2008;Chi,Huang,Liao,and Xie 2009),针对审计师—客户关系、"旋转门"(Menon and Williams 2004;Lennox 2005;Chen,Xijia,and Xi 2010,2009)。

有其自身的特征,其特征在于合伙人的行为受到事务所治理、质量控制和事务所组织结构等的影响。以上关于审计任期的相互冲突的研究结果可以通过事务所是否更换审计质量较差的签字会计师来解释:如果事务所的内部治理和质量控制体系较完善,审计质量较差的签字会计师被及时更换,审计质量较高的签字会计师则被保留,那么自然签字会计师审计任期对审计质量会出现正面作用;反之,如果事务所内部治理较差,签字会计师与客户的亲密关系不能被有效制约,那么随着审计任期的延长,亲密关系效应将占主导作用,进而签字会计师审计任期对审计质量将出现负面作用。因此,签字会计师更换研究对进一步推进基于"合伙人"水平的审计研究具有重要意义。

第三个选题动机在于:会计师事务所如何选派和更换项目负责人是对现有文献的重要补充。我们把会计师事务所选派和更换项目负责人与现有的相关文献整合到图1-1中,如图所示,研究人员围绕会计师事务所、上市公司客户、项目负责人已经积累了大量的文献,主要分为两类。第一类文献集中于会计师事务所与上市公司之间的互动。比如,从会计师事务所供给方出发的研究:会计师事务所如何进行客户组合管理、会计师事务所是否向客户提供非审计服务、会计师事务所的审计任期是否会影响其独立性等;从上市公司审计需求方出发的研究:上市公司如何选择会计师事务所、上市公司为什么要变更会计师事务所、变更事务所是否是为了购买审计意见、重要客户对审计师独立性的影响等等。第二类文献处于项目负责人与上市公司客户之间,主要包括:项目负责人与客户关系对审计师选择和审计质量的影响、"旋转门"、合伙人水平的客户重要性和签字会计师任期。此外,还有一部分研究强调制度环境如何影响审计行为,比如:国有股权性质、政府干预如何影响审计师选择,投资者保护如何影响客户重要性。但从图1-1中可以看出,对于会计师事务所与项目负责人之间却鲜有研究涉及[①]。从会计师事务所与项目负责人之间的关系看,可以研究的议题正好是事务所如何分派和更换项目负责人。因此本研究正好补充和完善了整个研究框架。

此外,多数国家不要求上市公司披露签字会计师信息,中国则要求披露(《关于注册会计师在审计报告上签名盖章有关问题的通知》,财政部,2001),这为我们进行签字会计师的研究提供了绝佳的机会。

---

① 吴溪(2009)是为数不多的此类研究,他们考察了事务所如何分派项目负责人这一问题,发现中国的事务所并没有为新承接客户分派执业经验较丰富的项目负责人。

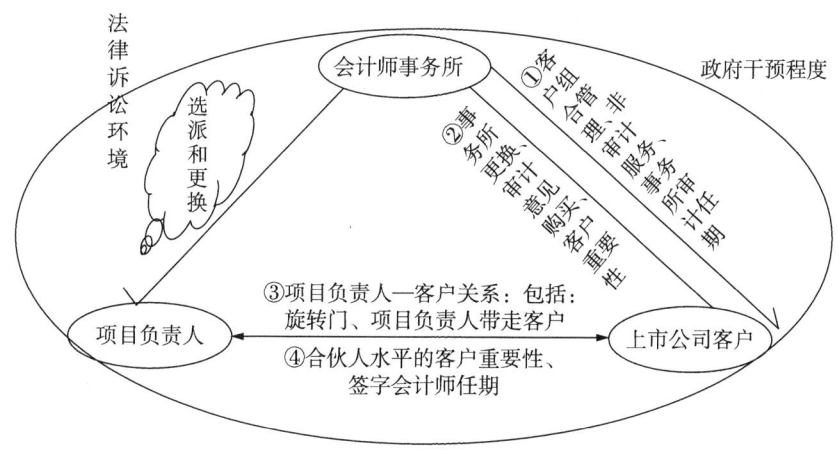

图 1-1 本研究内容及与现有文献之间的关系

具体地,通过实证研究本书希望回答如下几个问题:

(1) 会计师事务所是否为风险较高的客户配置执业经验较丰富的项目负责人?

(2) 会计师事务所是否按照项目负责人所负责项目的审计质量来更换项目负责人?

(3) 项目负责人—客户关系是否会阻碍会计师事务所更换项目负责人?

(4) 客户压力下的项目负责人变更有什么样的经济后果?

2 研究思路

2.1 研究思路

如前所述,本书的主旨是研究事务所如何配置项目负责人?为此,我们基于两种视角考察这一问题:第一种视角是事务所质量控制视角,第二种视角是项目负责人—客户关系视角。

首先,在第一种事务所质量控制视角下,本书把事务所如何配置项目负责人分成两个研究问题:会计师事务所如何分派项目负责人?以及分派之后,如何监督项目负责人?针对事务所如何分派项目负责人,我们考察了事务所是否为风险较高的客户分派执业经验较高的项目负责人?针对事务所如何监督项目负责人,我们把研究集中于事务所对项目负责人的更换上,从项目负责人更换的角度考察事务如何监督项目负责人。具体地,本书考察事务所是否更换审计质量较差或者审计质量出现下滑的项目负责人。

其次,在第二种视角项目负责人—客户关系下,本书主要考察了项目负责人—客户关系对事务所配置项目负责人中的项目负责人更换的影响。具体来讲,我们分别研究项目负责人与客户冲突和项目负责人与客户关系紧密如何影响项目负责人变更。在项目负责人—客户关系紧密下,研究项目负责人与客户之间的亲密关系是否会阻碍事务所更换项目负责人。在项目负责人—客户发生冲突下,客户是否会"施压"更换项目负责人来改善审计意见。最后,本书的研究思路总结在图1-2中。

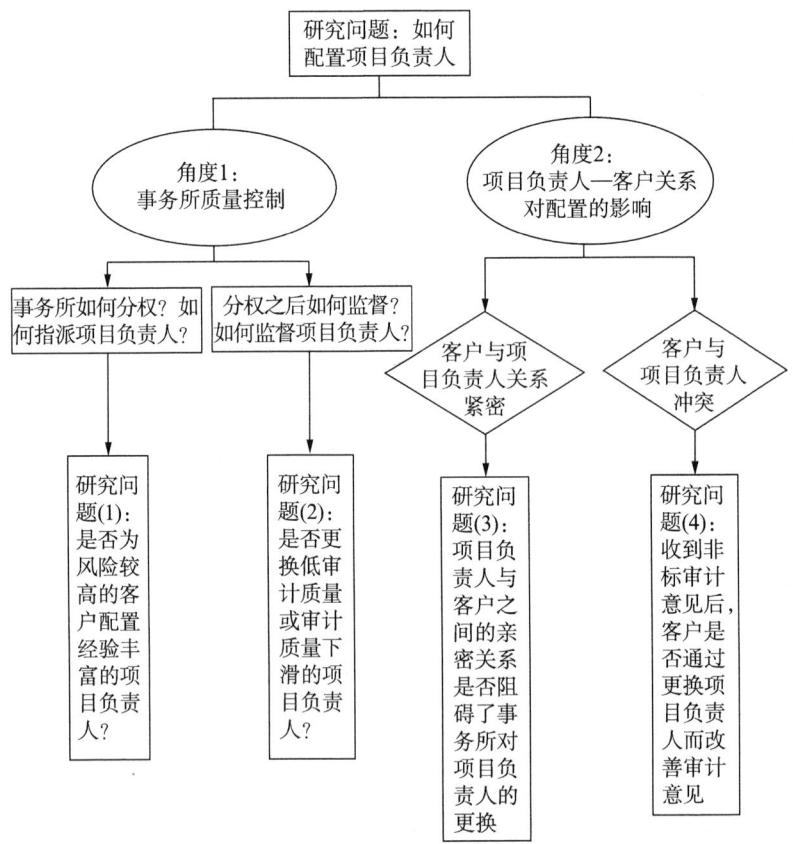

图1-2 研究思路

值得注意的是,图 1-2 中研究问题(2):事务所是否更换审计质量较差的项目负责人与研究问题(3):项目负责人—客户之间的亲密关系是否阻碍事务所更换项目负责人,是以项目负责人更换为背景,对事务所质量控制和项目负责人—客户关系这两种竞争性理论的直接检验。其检验地实质是,项目负责人更换的权力是属于事务所还是属于上市公司客户。

2.2 重要概念界定

(1) 项目负责人

审计项目负责人是指会计师事务所中负责某项业务及其执行,并代表会计师事务所在业务报告上签字的主任会计师或经授权签字的注册会计师(中国注册会计师协会 2007),因此,上市公司审计项目负责人通常就是指上市公司审计年报中的签字会计师。但从严格意义上讲,签字会计师的概念范围大于项目负责人。这可以从财政部(2001)对上市公司审计签字盖章的规定中看出:①合伙会计师事务所出具的审计报告,应当由一名对审计项目负最终复核责任的合伙人和一名负责该项目的注册会计师签名盖章;②有限责任会计师事务所出具的审计报告,应当由会计师事务所主任会计师或其授权的副主任会计师和一名负责该项目的注册会计师签名盖章。因此,签字会计师不仅包括项目负责人而且还包括审计项目负最终复核责任的合伙人(针对合伙会计师事务所)和主任会计师(针对有限责任会计师事务所)。签字会计师与项目负责人将在主任会计师(或最终复核合伙人)不负责上市公司审计项目但在审计报告上签字时出现差异。由于我国对签字会计师的披露不要求说明哪一位是复核会计师,因此现有的文献通常用签字会计师替代审计项目负责人(吴溪 2009)。本书也按照现有的做法用签字会计师替代审计项目负责人。

还有一个与项目负责人、签字会计师非常密切的概念就是合伙人水平(Partner Level)。DeFond 和 Francis(2005)倡议基于更"微观"的水平来分析审计问题,因此出现了一批基于"合伙人"水平的审计文献(Chen, Lin, and Lin 2008; Chen, Sun, and Wu 2010)。在这些基于"合伙人"水平的文献中,合伙人水平通常就是指签字会计师水平。只不过使用合伙人水平这一术语是为了区分事务所水平的研究。由于文献中一直沿用"合伙人"水平(Partner Level)的称谓,因此本书也在文中采用"合伙人"水平这一术语名称。

(2) 配置

资源配置(Resource Allocation)是指对相对稀缺的资源在各种不同用途上加以比较作出的选择。由于相对于人们的需求而言,资源总是表现出相对的稀缺性,从而要求人们对有限的、相对稀缺的资源进行合理配置,以便获取最佳的效益。资源配置合理与否,对经济发展有着极其重要的影响。那么项目负责人的配置就是指对附着在项目负责人身上的人力资源在各个审计项目之间进行比较并做出选择。项目负责人的人力资源包括:项目负责人的执业经验、项目负责人与客户之间的关系等。具体地,本书把如何配置具体化为两个方面:分派和更换。即本书考察事务所如何分派项目负责人和如何更换项目负责人。

3 研究发现

以1998—2008年事务所中负责上市公司审计项目的项目负责人为考察对象,本书研究发现:

(1) 事务所并没有按照质量控制原则分派审计项目负责人。表现为针对本书所考察的客户风险特征,事务所没有为其配置执业经验较丰富的项目负责人,而且现有证据表明,负责某些风险特征较高客户的项目负责人的执业经验显著地较低。但相对小所而言,大所在分派项目负责人更加符合质量控制的要求[①]。

(2) 事务所没有按照质量控制的原则更换审计项目负责人。首先,从截面数据、水平模型看,事务所没有更换审计质量较差的项目负责人。其次,从变化模型看,事务所也没有更换审计质量下滑的项目负责人。最后,事务所也没有更换出具过松审计意见的项目负责人。

(3) 项目负责人—客户关系会阻碍事务所更换项目负责人。与客户关系较强的项目负责人被更换的概率显著低于关系较弱的项目负责人。

(4) 客户"施压"下的项目负责人变更会导致审计意见购买。前期获得非标审计意见的公司,更换项目负责人后,能够显著地改善审计意见,即存在审计意见购买行为。客户越重要,表明客户可以对事务所实施更大的压力,越可能出现

---

① 我们的证据并不意味着事务所不注重控制客户风险,而是表明事务所在项目负责人分派时没有以控制客户风险为主要标准。至少事务所没有对LOSS、LEV、OPN、NEWCLT这些客户风险做出应有的反应。

更换项目负责人达到审计意见购买。事务所的规模可以"抑制"这种审计意见购买行为。规模较大的会计师事务所"抵抗"客户压力的能力较强，而且事务所内部质量控制也较好，因此通过变更项目负责人改善审计意见的可能性越小。此外，我们发现项目负责人更换后，后任项目负责人的执业经验明显的更少。最后，2002年CICPA(中国注册会计师协会)加强对事务所变更的监管后，上市公司通过变更事务所方式进行审计意见购买的成本增加，因此上市公司转而采用更加隐性的方式——通过更换项目负责人来改善审计意见。

4 研究贡献

通过以上研究，本书将对会计师事务所质量控制研究和审计意见购买文献有所贡献：

首先，本书为会计师事务所配置项目负责人提供了一个全面的研究框架，从多个角度解读会计师事务所配置项目负责人的决策。事实上，事务所对项目负责人的配置涉及三方面的利益：事务所、上市公司客户和项目负责人。在这一研究框架下，我们将三方全部纳入研究框架，即不仅从事务所质量控制和事务所治理的角度出发研究项目负责人配置，而且还考虑了项目负责人与客户之间的关系如何影响事务所配置项目负责人，从而为研究事务所如何配置项目负责人奠定了坚实的基础。

其次，本书拓展了事务所质量控制的文献，现有关事务所质量控制的大样本研究主要集中于事务所质量控制的具体措施及其实施效果。比如：客户组合管理、事务所和合伙人签字轮换等。但缺乏对质量控制体系所处的事务所内部治理环境的分析[①]。事务所内部治理中的一个重要问题是事务所如何进行分权和监督(PCAOB 2004)，而事务所如何分派项目负责人恰好体现地是事务所如何进行分权，事务所是否按审计质量更换项目负责人正是事务所分权之后监督项目负责人的一种重要机制。因此本书填补了事务所质量控制研究在事务所治理方面的空白。

再次，本书发现项目负责人与客户的关系会阻碍事务所更换项目负责人，补

---

① 事务所治理对于质量控制体系正常运转起着重要作用，近期事务所治理问题已经引起监管层的注意，并准备引入新质量控制准则的制定中。

充了现有的会计师—客户关系文献。这说明项目负责人与客户之间的亲密关系不仅会降低审计质量(Chen et al. 2009;吴溪,王晓和姚远 2010),而且还通过阻碍事务所更换项目负责人破坏事务所的"纠正"措施。因此监管层在制定事务所质量控制准则时应该尤为注重项目负责人的独立性问题,防止项目负责人与客户之间形成过分亲密的关系。

最后,本书对项目负责人变更经济后果的研究拓展了审计意见购买文献,本书把审计意见购买(Opinion Shopping)研究的视角从事务所转移到项目负责人身上,研究表明客户不仅可以通过变更事务所来购买审计意见,还可以通过对事务所"施压",通过更换项目负责人的方式来购买审计意见。

5 本书结构安排

本书共分7章,除第1章导论外,后续章节安排如下:

第2章为文献回顾和制度背景部分,共分为两个部分。第1部分为文献回顾部分,首先提出一个文献框架图,然后根据文献框架对相关文献进行回顾和述评。分别对以会计师事务所和上市公司作为审计供求方的审计文献、以事务所分所/项目负责人和上市公司客户作为审计供求方的审计文献进行综述。第2部分为制度背景和相关的法律准则部分,主要叙述了我国会计师事务所发展历程和特殊制度背景、与签字会计师相关的法律和法规、与事务所质量控制相关的准则和法规。

第3章为理论分析和研究假说部分,分为两节。第1节是关于项目负责人配置的两种理论:事务所质量控制理论和项目负责人—客户关系理论。第2节是研究假说的推导。

第4章为研究设计部分,分为3节,第1节是数据来源,第2节是主要变量的定义,第3节是回归模型。

接下来的两章为实证研究部分,第5章从事务所质量控制的角度展开,第6章从项目负责人与客户关系的角度展开。其中,第5章分为两节,第1节研究事务所是否为风险较高的客户配置经验较丰富的项目负责,第2节研究事务所是否更换审计质量较差或者审计质量出现下滑的项目负责人。每1节中主要涉及样本选择、描述性统计、相关性分析、单变量分析、多元回归及解释和稳健性检验这几部分。第6章也分为两节,第1节研究项目负责人与客户之间的亲密关系是否会阻碍事务所更换项目负责人,第 2 节研究在项目负责人与客户发生冲突下,客户是否会对事务所"施压"更换项目负责人来改善审计意见。在每 1 节中主要涉及样本选择、描述性统计、相关性分析、单变量分析、多元回归及解释和稳健性检验这几部分。

第 7 章主要考察了项目负责人与客户关系对事务所维系客户的影响,第 8 章则从行业专长角度考察项目负责人行业专长配置的经济后果。每一章主要包括文献综述和理论假说、研究设计、多元回归和研究结论部分。

第 9 章为研究结论和政策建议,介绍了研究的主要发现,以及对现有文献的贡献和对监管层的政策建议。最后对研究的局限性展开了讨论。

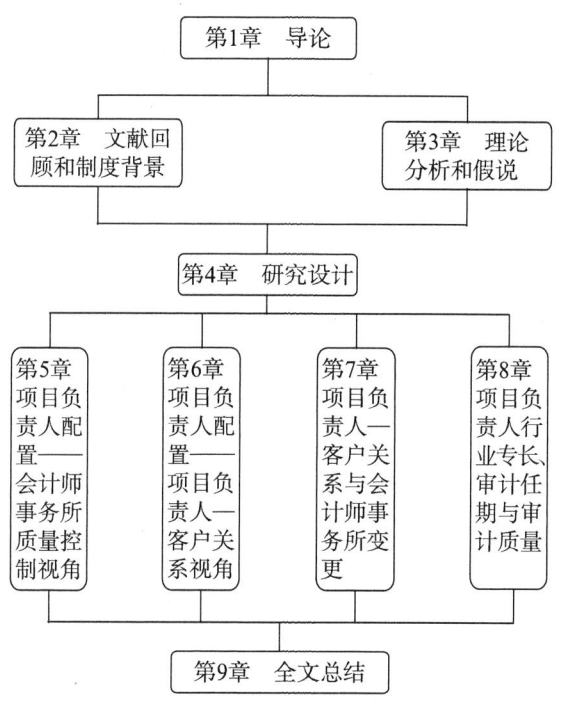

图 1-3　本书结构

第 2 章 文献回顾和制度背景

本章将尝试从另一种视角整合现有的审计质量研究文献[1],在此基础上指出本研究——事务所分派和更换项目负责人在整个框架中的作用、意义和必要性。

审计过程涉及3个利益相关主体:会计师事务所、项目负责人、上市公司客户。因此每一相关主体以及相关主体两两之间的关系都会影响到审计过程,进而影响审计质量。其中,项目负责人作为会计师事务所与上市公司客户之间的桥梁、作为会计师事务所的"代理人"、上市公司审计业务的直接负责人对审计质量必然会产生影响。

为了更加简洁、形象地概括现有审计质量文献,我们发现用3个利益相关主体:会计师事务所、项目负责人、上市公司客户及其之间的关系可以简单、明了地概括现有审计质量文献。结果列示于图2-1。在图2-1中,我们把审计质量文献拆分到会计师事务所、项目负责人、上市公司客户之间。如图所示,拆分之后,现有的文献根据对于审计的供给方的不同认识可以归类成两类研究:第一类以会计师事务所作为审计的供给方,研究会计师事务所与上市公司客户作为审计供求双方对审计质量的影响。第二类审计研究从更加"微观"的角度审查审计供给方,以事务所的城市水平、事务所的分所、项目负责人[2]作为审计供给方,研究这些供给方与上市公司需求方一起如何影响审计质量。

从现有文献看,绝大部分审计研究都集中在第一类文献。比如,事务所选择、事务所更换、审计意见购买、客户组合管理(客户承接决策和客户保留决策)、

---

[1] 从前面的叙述中可以发现,与本书相关的审计质量文献主要有:事务所质量控制文献、基于"合伙人"水平的文献以及事务所变更与审计意见购买文献。因此本章中所指的审计质量文献主要是指这3部分审计质量文献。

[2] 或签字会计师、合伙人。

非审计服务、客户重要性的研究和事务所审计任期研究。但是事务所分所或者项目负责人作为审计契约的直接鉴定人和直接收益人,其作为审计供给人可能更加合适。第二类审计研究文献还较少。总体上来说,这一类文献仍然还处于起步阶段,很多只是基于案例的研究。但值得注意地是,近年来项目负责人的研究正成为审计文献发展的热点和新方向。比如,基于项目负责人水平的客户重要性研究(Reynolds and Francis 2000;Craswell, Stokes, and Laughton 2002;Chen, Sun, and Wu 2010),项目负责人任期、强制轮换(Carey and Simnett 2006;Chen, Lin, and Lin 2008;Chi, Huang, Liao, and Xie 2009),项目负责人—客户关系、项目负责人"带走"客户、"旋转门"(Menon and Williams 2004;Lennox 2005;Chen, Su, and Wu 2010, 2009)。

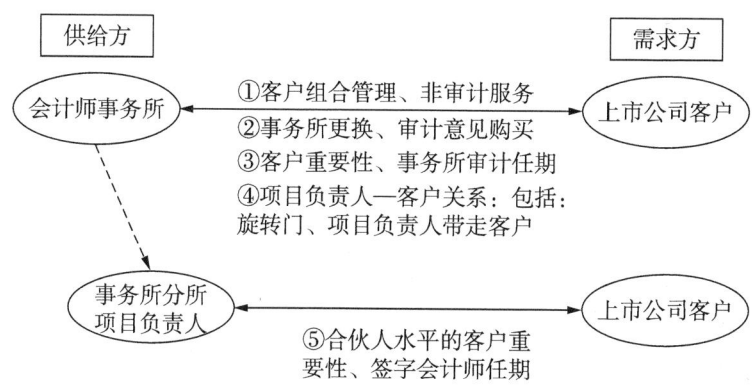

图 2-1　审计质量研究文献:另一种视角

但是这两类审计文献都存在不足之处。首先,对于以会计师事务所作为审计供给方的文献来讲,在某些情况下,会计师事务所作为分析对象不能很好地体现收益与成本相匹配的原则,比如在客户重要性的研究中,C 客户对 A 会计师事务所而言并非重要客户,但是 C 客户对 A 会计师事务所的分所 A1 或者项目负责人 A2 而言却是重要客户,因此对 A1/A2 的独立性可能造成影响。此时以会计师事务所作为审计供给方就会造成偏差。而对于第二类基于"微观"水平的审计研究而言,其研究是基于这样一种认识:审计项目负责人(或者会计师事务所分所)是重要的,其对审计质量的影响不全由事务所的总体因素所解释。因此,现有的这类研究往往是给定项目负责人的情况或者参数,然后研究其对审计质量的影响。但是项目负责人的行为并不是外生的,其行为受到事务所治理、质量控制和事务所组织结构等的影响。因此我们认为较好的研究路线应该是从"会计师事务所—事务所分所/项目负责人—上市公司",在这一路线中"事务所分所/项目负责人—上市公司"已经引起学者们的注意,但"会计师事务所—事务所分所/项目负责人"却相当程度上还处于空白,根据我们的文献检索,目前只有吴溪(2009)一篇。因此需要相关研究来填补这一领域,而本书对事务所如何分派和更换项目负责人正好符合这一需求。

最后,本章的安排如下:首先,对两类审计文献——以会计师事务所和上市公司客户作为审计供求方的文献和以事务所分所/项目负责人和上市公司客户作为审计供求方的文献进行述评,然后,本章还将介绍相关的法律和制度背景,包括我国会计师事务所的发展历程及独特的制度背景、与签字会计师相关的法律和法规、事务所质量控制准则。

1 会计师事务所水平的研究文献[①]

本节首先回顾以会计师事务所与上市公司客户作为审计供求方的审计文献。这一部分文献又可进一步分成两类:上市公司审计需求方文献和会计师事务所供给方文献。

1.1 上市公司审计需求方文献

从现有文献看,属于从审计需求方研究审计质量的文献有:上市公司如何选择事务所、如何更换事务所、是否向事务所进行审计意见购买以及重要的上市公司客户是否能够威胁审计师。下面我们将分别对其进行回顾。

1.1.1 会计师事务所选择

首先回顾会计师事务所选择的理论研究,即审计需求理论,阐述审计为何产生以及为什么需要审计?

审计从何而来?它是市场经济发展的自然产物,还是政府管制的结果。Watts 和 zimmerman(1983)的研究给出了一个令人信服的答案,他们用历史研究的方法考察了英美两国早期商人公司中审计的出现和发展情况。他们发现,

---

[①] 本节的标题准确来讲应该是"以会计师事务所与上市公司客户作为审计供求方的审计文献"。但为了简化标题故采用"会计师事务所水平的研究文献"。

审计在商人公司公司发展的初期(1200年)早就存在,并逐渐演变成1844年英国公司法所要求的强制审计的形式。到19世纪下半叶和20世纪初外部职业注册会计师审计在英美两国成为普遍现象,但是公司普遍地采用外部职业注册会计师进行审计的时候,英美两国的法律通常还不要求强制审计。这说明,对外部职业注册会计师的需求不是法律强制的结果,而是市场发展的自然产物。

那么公司为什么需要外部注册会计师进行审计呢?从现有文献来看主要存在3种审计需求理论——审计监督论、审计信息中介论和审计保险论(Wallace和Ross 1980)。

审计监督论认为公司对外部审计产生需求是因为审计能够降低委托代理关系中的代理成本。Jensen和Meckling(1976)认为,委托人和代理人之间存在代理问题,因为,代理人并不以委托人的目标行事,而是以其自身的效用函数最大化为目标,最大化其自身的利益。并且委托人不能无成本地监督代理人,此时便出现了所谓的代理成本。由于理性的委托人预期到代理问题的存在,因此,他会在契约签订时通过价格条款来自我保护。从这个意义上看,代理人承担了代理成本,因此,其有动机降低代理成本。降低代理成本可以采用监督代理人的方式或者代理人进行自我约束的方式。其中聘请外部审计师就是监督代理人的一种。虽然聘请外部审计也会带来成本,比如,支付审计费用等。但只要聘请审计师的成本小于降低代理成本获得的收益,那么聘请外部审计就是最小化交易成本的行为。审计监督理论得到经验证据上的支持(Francis and Wilson 1988;Chow 1982)。

审计信息中介理论认为公司产生审计需求是因为审计具有信号传递的作用,能够传递公司管理层对未来现金流量评估的信息。Akerlof(1970)最早提出了旧车市场中存在的逆向选择行为。同样的,在资产市场中也存在逆向选择行为,投资者在进行投资决策时,由于信息不对称没有足够的信息来区分不同质量的公司,因此,只能以平均质量来为市场上的所有公司进行定价,这就意味着高质量的公司将得到一个偏低的市场价格,进而会退出这个市场,出现"劣币驱逐良币"的现象,在严重的时候甚至整个市场最终崩溃。高质量的公司就有动机显示其"高质量",披露其财务报告就是其传递的信号之一。但是信号能够成功传递的一个前提条件是,信号是有成本的,不能被轻易模仿。由于财务报告披露可以造假、模仿,因此,公司有动机聘请审计师对企业的财务报告披露进行鉴证,作为一个可信的承诺,向投资者传递信号,从而提高投资者对企业的估价(Titman and Trueman 1986)。审计信息中介理论得到了经验证据的支持。(Beatty

1989；McKinley，Pany，and Reckers 1985）。

最后是审计保险理论,该理论认为公司管理层聘请外部审计师是因为当公司出现财务欺诈或者破产情况时,审计师可以向投资者提供赔偿。审计保险理论随着美国事务所民事责任的不断扩大而引起学术界的重视。那么为什么公司不向保险公司直接投保而转而以"审计收费"的形式向审计师投保呢？投资银行、证券公司、律师和经营者等利益相关者把审计成本看成保险费用的一种,是因为经营者舞弊行为或者错误决策造成企业破产时,审计可以补偿通常情况下保险公司不予补偿的风险(Wallace and Ross 1980)。关于审计保险理论的实证检验由于很难与信息签证作用区分开,因此实证结论存在较大争议(Menon and Williams 1994；Baber，Kumar，and Verghese 1995；Willenborg 1999；Eichenseher and Shields 1985)。比如：Eichenseher and Shields(1985)研究公司董事会责任变化和审计需求变化来验证审计保险理论,通过考察 1973 到 1978 年美国上市公司的会计师事务所变更与审计委员会设立的情况后,他们发现,在 1997 年《反海外贿赂法》(Foreign Corrupt Practice Act)颁布后,上市公司更可能设立审计委员会和选择"八大"事务所。他们认为,这是由于公司董事的法律责任增加后,公司董事选择大事务所为其提供保险需求导致的。

1.1.2 审计师变更[1]

本部分回顾审计师变更的文献。审计师变更与审计师选择是同一个问题的两个方面,审计师选择是水平模型(level model),而审计师变更是变化模型(change model)。审计师选择往往研究审计因素决定选择什么样的审计师？而审计师变更往往研究这些因素变化的时候客户会选择什么样的审计师。

审计师变更一直受到学者和监管部门的关注。监管部门担心公司管理层可能采用事务所变更威胁审计师独立性,甚至通过事务所变更来避免非标审计意见,实现审计意见购买(opinion shopping)。为此监管管部门出台了一系列针对事务所变更的法规[2]。学者们也对事务所变更展开了深入研究,分别从审计意见分歧、非标审计意见角度(Chow and Rice 1982；Lennox 2000)、审计师稳健性

---

[1] 除非另外说明,本部分中涉及审计师的地方专指事务所。因此审计师与事务所等同;审计师变更与事务所变更等同。

[2] 例如,美国 SEC 要求 8-k 报告中,不仅披露审计师变更信息,而且还应披露变更是辞聘(resignation)还是解聘(dismiss);中国证监会在 1996 年发布的《中国证券监督管理委员会关于上市公司聘用、更换会计师事务所审计事务有关问题的通知》。

的角度(Krishnan 1994；DeFond and Subramanyam 1998)、代理成本变化的角度(Francis and Wilson 1988；DeFond 1992)、客户经营活动变化(Johnson and Lys 1990)、诉讼风险的角度(Krishnan and Krishnan 1997)、客户组合调整的角度(Shu 2000)来解释事务所变更。

总的来看，审计师选择主要取决于客户的特征(比如：客户的代理成本)、审计师特征(比如：是否是大规模事务所)以及审计所处环境通过客户或者审计师对审计师选择的影响。根据交易成本经济学的最小化交易成本理论，审计师与客户的匹配实际上是达成满足客户需求和审计师提供服务的最低成本契约(Johnson and Lys 1990)，因此当客户或者审计师任何一方的特征发生重大变化时，审计师与客户的关系将重新匹配(李爽和吴溪 2002)。

1.1.3 审计意见改善[①]

审计意见改善可以通过两种方式，一种是通过换所威胁改善审计意见，由于审计市场普遍存在"低价揽客"现象，在任审计师(incumbent auditor)可以赚得客户特定准租，因此客户可以通过换所来威胁在任审计师。在任审计师由于害怕失去准租而向客户妥协出具清洁的审计意见；另一种方式强调即使不存在准租，客户也可以通过换所或者不换所来改善审计意见，只要换所之后得到清洁审计意见的可能性较高则换所，或者不换所更可能保持清洁审计意见则不换所。比如客户选择换所如果继任审计师出具非标审计意见的概率低于在任审计师，与之相对应，客户选择不换所如果更换审计师后将不能获得清洁审计意见[②] (Lennox 2000)。第二种审计意见改善方式已经被 Lennox(2000)所验证，但是第一种审计意见改善方式在理论和经验证据之间却存在较强的冲突。

Teoh(1992)用理论模型刻画了客户换所威胁与审计师的审计意见决策之间的关系，其中客户换所威胁是指客户可以威胁在任审计师赚得的准租(deangelo 1981a)以及在任审计师作为低成本咨询服务提供者的权力。Teoh 考虑了两种类型的审计师，即机械审计师(mechanical auditor)和策略审计师(strategic audior)。所谓机械审计师是指审计师在评价客户的财务报告和出具审计意见时不考虑客户换所的可能性，而策略审计师则会进行成本—收益分析，

[①] 在研究项目负责人变更的经济后果时，本书主要考察项目负责人变更的审计意见购买经济后果，因此我们也对审计意见购买的文献进行评述。

[②] 例如，美国贸工部 1994 调查亚特兰大电脑公司显示：存在证据表明亚特兰大公司留任斯宾塞(spicers)作为审计师，而不是改聘 KPMG，是因为斯宾塞比 KPMG 更加"宽松"。

对出具非标审计意见后客户可能换所造成的损失与出具不当审计意见可能遭受的诉讼成本进行权衡。模型分析表明,客户换所威胁会影响审计意见。

然而实证研究却得出了与此相反的结论：Krishnan(1994)发现相比于没有换所的客户,审计师对待换所的客户更加稳健和严格。换所公司与没有换所公司相比,触发非标审计意见的阈值(Threshhold Value)显著地更低。Krishnan和Stephens(1995)比较了发生审计师变更的公司前任与后任审计师的报告决策行为,发现对于变更审计师的公司,前任和后任审计师对客户的处理并无差异;但与未发生变更的公司相比,审计师对变更公司的处理更加稳健,也没有找到改善审计意见的证据。Krishnan等(1996)在考虑了审计师更换与出具非标审计意见之间存在互为因果的关系后,发现换所公司相对于没有换所的公司更可能得到非标审计意见。他们认为这可能是由于换所公司通常会导致SEC对其监管加强。此外,上市公司换所通常会引起分析师、投资者和监管层的高度关注,继任审计师为了避免诉讼风险和声誉受损会更加仔细、严格地对待客户。

国内也对审计意见购买展开了研究,但大多研究都是直接借鉴国外的研究方法,发现的结果也与国外基本一致。

耿建新和杨鹤(2001)发现被出具过非标准无保留审计意见的上市公司比未被出具过的公司更容易变更会计师事务所；上市公司变更会计师事务所后,其审计报告中标准无保留意见显著地多于非标准无保留意见。李东平等(2001)分析了注册会计师"说不"(出具非标审计意见)的代价。研究结论表明,会计师事务所变更与前一年度出具非标审计意见存在显著的正相关关系。李爽和吴溪(2002)借鉴Lennox(2000)模型,利用1997—1999年的数据,研究发现如果预测在时期 t 通过变更审计师收到非标审计无保留意见的概率高于不变更审计师而收到非标准无保留意见的概率时,管理层反而做出了变更审计师的行为,这与Lennox(2000)的结论正好相反。他们认为这可能是由于：首先,Lennox模型的前提是审计师变更主要原因是上市公司管理层的意见购买动机,但在他们使用的样本中包括了其他的动机——控股股东变更、主审人员调离并把原来的客户带走等。其次,模型的适用性的问题,由于样本期间我国出具非标审计意见的频率和事务所变更的频率显著的高于Lennox的英国上市公司数据,因此表明我国出具非标和变更审计师收到的约束存在显著差异,不能简单地直接套用Lennox模型。

陆正飞和童盼(2003)以证监会2001发布的公开发行证券的公司信息披露编报规则第14号——非标准无保留审计意见及其审计事项的处理为研究事项,

分析了 2000 年及 2001 年上海证券交易所 A 股上市公司的审计意见购买动机和实现情况。研究发现,在 2000 年和 2001 年,注册会计师变更与上年审计意见存在显著的相关性,即上市公司存在审计意见购买的动机。但两年的相关性没有显著差异,说明 14 号文颁布后,上市公司审计意见购买动机没有显著加强。吴联生和谭力(2005)借鉴 Lennox(2000)模型,利用 2002 年上市公司数据检验是否存在审计意见购买行为,发现预测通过变更审计师收到清洁意见的概率高于不变更审计师而收到清洁审计意见的概率时,上市公司更倾向于变更审计师,说明成功实现了审计意见购买。

这些审计意见购买文献主要关注客户在获得非标审计意见后,通过更换事务所的方式来改善审计意见。但是这些研究忽略了客户在采用更换事务所的方式来改善审计意见之前,可能会首先通过更换审计项目负责人的方式来改善审计意见。虽然客户实际换所是客户换所威胁的重要来源,但是客户实际换所并不定于客户换所威胁,事实上,客户实际换所的出现可能暗示着客户换所威胁的不成功。因此相比于更换事务所,更换项目负责人能更好地替代客户换所威胁。正因为如此,本书用项目负责人变更来考察客户换所威胁是否能够改善审计意见。

1.2 会计师事务所作为审计供给方的文献

从现有文献看,从审计供给方出发考察审计质量的文献主要是事务所风险管理文献、事务所质量控制文献,包括会计师事务所如何进行客户组合管理(比如:事务所如何进行承接客户的决策和如何保留客户的决策)、事务所审计任期文献、非审计服务文献。下面我们将分别对其进行回顾。

1.2.1 会计师事务所风险管理

由于近年来针对会计师事务所的诉讼越来越频繁、诉讼金额也越来越大(比如安永为 FDIC 事件支付了 4 亿美元),因此风险管理对于事务所显得尤为重要。较早的学者考察审计师如何识别客户风险。Pratt 和 Stice(1994)利用针对六大会计师事务所合伙人的调查问卷数据,研究客户特征是否会对审计师诉讼风险的判断、初步审计计划收集的证据数量以及审计收费产生影响。结果发现:客户的财务状况、资产结构(应收账款和存货占总资产的比重)、销售增长率、权益的市场价值、股票报酬的波动性等客户特征会对客户风险的判断产生影响。其中客户财务状况是对诉讼风险判断、初步审计计划所需审计证据判断、审计收费判断的主要考虑因素。

为了应对审计风险,会计师事务所该如何反应呢?从现有文献看,事务所主要采用如下措施来应对风险:加强审计证据的收集、提高审计收费等。

加强审计证据的收集可以通过增加审计工时的投入来实现,因此在会计师事务所质量控制下,审计工时与审计风险正相关。O'Keefe 等(1994)研究审计师为了达到一个合理的保险水平(即客户的财务报表没有重大误报)需要为不同特征的客户投入什么样的审计工时。具体地,利用一家国际会计师事务所在美国的审计业务为样本,他们研究审计工时与客户规模、复杂程度、风险、审计师对内部控制的依赖程度、审计任期、是否提供非审计服务的关系。研究结果表明,客户规模、客户复杂程度和风险这3个因素可以解释80%的审计工时变动。他们拓展 Palmrose(1986a)的地方在于,把总体的审计工时区分为合伙人审计工时、部门经理审计工时、项目经理审计工时和普通员工审计工时,由于客户特征对不同级别审计人员的审计工时的影响可能是不同的,因此有必要区分不同人员的审计工时。

针对审计风险,事务所还可以通过提高审计收费来获取补偿。那么事务所是通过哪种方式来提高审计收费的呢?——提高审计工时还是每小时工时费。Bell 等(2001)利用某家国际会计师事务所客户的专有数据,考察审计师感觉到的经营风险和审计收费之间的关系。研究发现,高经营风险增加了审计工时但并没有增加每小时工时费。这一结果表明,当事务所感觉到客户存在较高经营风险时,是通过投入更多的工作时间而不是提高每小时工时费来获取补偿的。

1.2.2 会计师事务所质量控制

从现有文献看,专门针对会计师事务所质量控制的实证文章比较稀少。但监管部门越来越重视事务所质量控制方面的研究。Bedard 等(2008)把现有文献中可以归类到事务所质量控制(Audit Firm Quality Control,AFQC)中的文献进行了综述,他们把事务所质量控制研究领域分为3个部分:事前质量控制、事中质量控制、事后质量控制。事前质量控制主要包括审计师任期和强制轮换、旋转门、非审计服务、客户组合管理等;事中质量控制包括电子决策支持(Electronic Decision Support System)、会计顾问团体(Accounting Counsultation Units);事后的质量控制包括项目质量控制复核、同行评审以及行业检查。由于后两部分研究中大样本的实证研究较少,绝大部分是案例研究或者规范性质的研究,因此,我们这里主要对事务所事前质量控制部分文献进行回顾。需要说明的是,对于事前质量控制中以事务所分所/项目负责人作为审计供给方的文献,我们将在本章的第2节中单独进行回顾。

1.2.2.1 审计师任期

早在20世纪60年代,监管部门就注意到审计任期可能会影响审计质量,此后就是否进行强制审计轮换进行了广泛的讨论。这方面的研究从长期审计任期是否真的会损害审计师的独立性、是否需要进行审计师签字轮换两个方面展开。

围绕长期审计任期是否会损害审计质量的研究长期争议不断。一种观点认为,长期审计任期会降低审计独立性,因为长审计任期导致事务所与客户之间形成过于亲密的关系、对审计工作变得麻木。AICPA(1988)和SEC(1994)认为审计任期会损害审计质量,要求进行审计师强制轮换。Dopuch,King和Schwartz(2001)通过实验研究事务所强制轮换与审计独立性之间的关系,他们发现,相对于没有审计师轮换的情况,存在强制轮换下,审计师发表有偏报告的可能性更低,独立性更高。这表明,长审计任期会损害审计独立性,而强制轮换则有助于提高审计独立性。但另一种观点认为审计任期不会降低审计质量,因为长审计任期使得事务所对其客户具有更为深入的了解,有助于发现会计报表中的错误和舞弊行为。Johnson等(2002)用操纵性应计项目的绝对值和应计项目的持续性作为衡量财务报告质量的替代变量,研究发现,中期审计任期(4~8年)的财务报告质量显著高于短期审计任期(2~3年)的财务报告质量。此外,9年及以上的长期审计任期的财务报告质量则没有显著下降。这说明,审计任期没有损害审计质量,签字审计轮换政策没有得到大样本实证证据的支持。Myers等(2003)用JONES模型估计的操纵性应计和操纵性应计的绝对值替代审计质量,研究审计任期与审计质量之间的关系,结果发现,长审计任期伴随着较高的审计质量,表现为操纵性应计的绝对值较低、向上的操纵性应计和向下的操纵性应计都显著较低。这说明,从平均来看长审计任期会抑制管理层的盈余管理行为。Carcello和Nagy(2004)考察被SEC处罚的舞弊公司(AAERs)与配对的非舞弊公司相比,更可能发生在审计任期的前3年,而随着审计任期的延长发生舞弊的概率并没有显著增加。因此他们的结论不支持事务所强制轮换。Ghosh和Moon(2005)考察投资者如何看待审计任期对盈余质量的影响,他们发现盈余反应系数与审计任期正相关,即投资者认为审计任期总体上能提高审计质量。

综上所述,从现有证据看,只有监管层观点和少量的实证证据支持审计师轮换可以提高审计师独立性，进而提高审计质量。但有更多的证据支持长审计任期并没有损害审计质量，相反，长审计任期伴随着较高的审计质量。因此，审计师强制轮换作为控制独立性风险的质量控制措施是否发挥了作用，是否带来了其他的副作用，还很难定论。

1.2.2.2 非审计服务

事务所是否应该限定事务所从事非审计服务的范围，减少对客户的经济依赖程度，这是监管层、实务界和理论界都非常关心的问题。萨班斯-奥克斯利法案限定了事务所从事非审计服务的范围，其依据是事务所提供非审计服务会影响审计师的独立性，进而降低审计质量。限制甚至禁止非审计服务做为一种质量控制措施是否必要？这是研究人员争论和关注的主要问题，因此研究者主要围绕非审计服务是否降低审计质量展开。

Frankel 等（2002）研究客户支付的非审计费用与客户盈余管理之间的关系，发现客户支付的非审计费用占事务所对该客户的总收入（等于审计收入加非审计服务收入）的比重与微小超额盈余、可操纵性应计项目正相关，而客户支付的审计费用占客户总收入的比重与微小超额盈余、可操纵性应计项目负相关。这表明非审计服务使得审计师更加容忍客户的盈余管理行为，降低了审计质量。但是之后的研究却发现 Frankel 等（2002）的结论对样本区间和模型设定很敏感，非审计服务可能并没有降低审计质量。Ashbaugh 等（2003）检验 Frankel 等（2002）的研究结论是否稳健，他们使用非审计收费的比率外还使用了非审计收费的绝对额，此外还对可操纵性应计进行了按业绩调整。结果发现，总体上非审计服务并没有降低审计师的独立性，导致审计质量下降。Chung 和 Kallapur（2003）用客户支付的非审计费用占事务所对该客户的总收入的比重代表客户重要性，研究发现非审计费用衡量的客户重要性与客户异常应计之间不存在显著的相关关系。

Kinney 等（2004）考察非审计服务于财务报表重述之间的关系，他们把非审计服务区分为与客户财务信息系统设计与维护相关的非审计服务、与内部审计相关的非审计服务、与税务服务相关的非审计服务和其他非审计服务。结果发现，与客户财务信息系统设计与维护相关的非审计服务、与内部审计相关的非审计服务与财务报表重述之间并不存在显著的正相关关系，与税务服务相关的非审计服务与财务报表重述之间存在显著的正相关关系。这说明非审计服务并不会降低审计质量，限制非审计服务的质量控制措施并没有得到经验证据的支持。Asare 等（2005）考察非审计服务是否会影响事务所的承接决策，通过实验研究，他们发现事务所承接风险客户的可能性并没有因为非审计服务而提高。这表明非审计服务没有影响事务所的另一项质量控制措施——客户承接决策。

综上所述，非审计服务是否降低了审计质量很难定论。虽然早期的研究倾向于支持非审计服务降低了审计质量，但之后的研究却支持提供非审计服务并不影响审计质量。但是现有的非审计服务研究的分析水平仍然局限于事务所水平，由于对非审计服务的收入的经济依赖性在事务所层面和事务所分所或者项目负责人层面不一样，事务所分所或者项目负责人对非审计服务的经济依赖性大于整个事务所对非审计服务的经济依赖性，因此对非审计服务的研究也应该使用更"微观"的分析水平。

1.2.2.3 客户组合管理

客户组合管理主要涉及事务所的客户承接决策和客户保留决策。Johnstone（2000）研究审计师如何做客户承接决策？通过建立客户承接模型他们推出了合伙人在调整客户承接风险时可能采用的 3 种策略：客户风险特征[①]策略、客户承接后发生的损失策略、主动调整审计收费和工时计划。实验研究表明：①审计师根据客户风险来评价承接客户后可能遭受的损失；②审计师根据客户特征和可能发生的损失来判断客户风险；③但是没有采用主动策略调整审计收费和工时计划等以增加接受风险客户的可能性。Cohen 和 Hanno（2000）利用实验研究发现客户的管理哲学和治理结构会影响事务所对该客户承接决策。与 Johnstone（2000）实验研究结果不同，Johnstone 和 Bedard（2001）采用某家事务所对潜在客户的投标档案数据，发现事务所在做客户承接决策时采用了主动策略。具体地，他们发现，客户风险因素对计划审计工时几乎没有影响，但是事务所针对客户风险（包括：欺诈风险和错误风险）采取了如下主动策略：指派高风险专家、指派行业专家、增加审计测试、进行额外的复核。Johnstone 和 Bedard（2003）发现配置更专业的审计人员、索要更高的每小时审计收费可以缓

---

① 事务所在承接客户时考虑的风险有：客户商业风险，审计风险，审计商业风险。其中客户商业风险（client's business risk）是指客户的经济状况会在短期或者上期内恶化，常用盈利能力和流动性替代。审计风险是指审计师在不知情的情况下，对重大误报的财务报表出具了不恰当的审计意见，通常表示为固有风险（inherent risk）和控制风险（control risk）。审计商业风险是指从事这项审计业务会导致事务所发生损失，通常用业务盈利能力和潜在诉讼风险替代。

解客户风险对事务所承接客户的负面影响①。此外,吴溪(2009)研究了事务所应对风险(新承接客户风险)的另一种质量控制措施——配置执业经验丰富的项目负责人来控制风险,具体地他们研究事务所是否对新承接的客户配置了执业经验较丰富的审计项目负责人?由于与连续客户相比,新承接的客户往往伴随着较高的风险,因此事务所质量控制假说推测事务所为新承接客户配置的项目负责人的执业经验较高。但是研究结果却发现事务所并未对新承接的客户配置执业经验更加丰富的项目负责人,并且小所中这种现象更加明显。此外大所虽然比小所配置了更加有经验的项目负责人,但仍然显著低于连续审计的客户。他们的研究表明,会计师事务所在新承接客户的项目负责人配置上不符合质量控制的要求,事务所的质量控制和内部控制体系可能存在"缺陷"。

  对客户保留决策的考察主要从审计师辞聘的角度出发进行研究。Krishnan和Krishnan(1997)研究审计师是否会因为诉讼风险而主动辞聘,通过将审计师辞聘的公司与审计师解聘的公司进行比较。研究发现,审计师辞聘组公司的较可能出于财务困境中、股票异常报酬率的方差较大、审计师独立性较低、审计任期较短、出具非标审计意见的概率更大。这些证据表明,诉讼风险的压力会导致审计师主动辞聘。Shu(2000)则对审计师主动辞聘原因的两种竞争性假说进行了检验:诉讼风险假说和客户调整假说。诉讼风险假说认为事务所主动辞聘是因为客户风险过高,潜在的诉讼成本过高而辞聘;而客户调整假说认为是因为审计行业的革新和审计服务变化(比如:非审计服务的出现)之后引起的客户组合不匹配而辞聘。研究发现,诉讼风险假说和客户调整假说都能解释审计师的主动辞聘行为,而且还发现投资者对审计师辞聘的公司做出了负面的市场反应,辞聘公司的诉讼分析越大,市场的负面反应也越大。Lee等(2004)则发现审计师辞聘与客户的公司质量相关,公司治理越好审计师越不可能发生辞聘,反之则越容易发生辞聘。

---

① 他们认为客户承接中的风险管理策略包括:人员相关政策(人员配置、职业发展以及职位提升政策)、审计收费策略、差异化审计活动(比如:利用工具执行、监督、复核、记录和交流审计结果)和监督政策(通过内部和外部同行评阅进行风险管理)。

2 会计师事务所分所/项目负责人水平的研究文献①

本节对更"微观"主体(包括城市水平的事务所、事务所分所、项目负责人)作为审计供给方的文献进行回顾,这一部分文献目前还比较缺乏②,主要包括以下几个部分:基于"合伙人"水平的客户重要性研究、签字会计师任期研究、项目负责人与客户之间的关系如何影响审计质量和审计师选择的研究、"旋转门"的研究。

2.1 城市水平/事务所分所水平

Francis 等(1999)首次采用城市水平(City-Level)的审计数据研究审计问题。他们指出国际六大会计师事务所通过分权化、地方化的办公室而不是通过一个集权的办公室来提供审计服务。因为这样可以降低契约成本:①搜寻成本,如寻找风险和收益合适的客户;②审计提供成本,如交通和运输费用;③客户的搜寻成本;④客户的监督成本。因此应该采用城市水平研究审计问题。他们采用城市水平的审计数据对审计市场的市场份额进行了研究,结果发现:①用城市水平的事务所领头羊(city level leader)与全国水平的事务所领头羊(national level leader)存在很大很大差异;②城市水平的行业领头羊(city lndustry leader)和全国水平的行业领头羊(national industry leader)存在很大差异。但也有学者认为国际六大可能在个分所和合伙人之间是无差异的,因为国际六大会计师事务所针对各个分所有统一的政策和程序,并且存在各种机制来协调实务,比如:利润分享。但是,即使国际六大会计师事务所有统一的政策和

---

① 本节的标题准确来讲应该是"以会计师事务所分所/项目负责人和上市公司客户作为审计供求方的审计文献"。但为了简化标题故采用"会计师事务所分所/项目负责人水平的研究文献"。

② 针对美国资本市场的研究,由于不要求公开披露上市公司审计项目负责人信息,因此无法得到数据进行大样本实证研究。国外研究人员只能采用审计投标档案中的数据和实验得到的数据进行与项目负责人相关的研究,但审计投标档案数据存在以下几个方面的缺陷,一方面这些数据是私人(appropriate)渠道获得,一般还签署了保密协议,其他研究人员很难获取这些数据,因此也很难对其研究结论进行再验证;另一方面审计投标档案数据通常都是关于某家或某几家事务所的个案数据,其选取的个案是否具有代表性,研究结论是否具有普适性难以定论;此外审计投标档案数据是计划数而不是实际数。因此,从数据的可得性和有用性上来看,中国资本市场公开披露的项目负责人信息,为我们研究事务所如何配置项目负责人、如何更换项目负责人提供了一个很好的机会。

程序,政策和程序的执行在各个所之间是有差异,它会受到分所所处的制度环境影响,此外虽然存在一些协调机制,但正如公司治理机制一样,这些机制不是完美的,而且最重要的是仍然是各个分所主管审计契约的签订和对审计报告的出具。因此 Francis 他们建议:重要的审计问题,事务所—客户匹配、审计市场结构、审计收费、审计报告以及独立性问题应该用基于更微观水平的审计数据重新进行研究。

Francis 和 Yu(2009)以事务所的分所(Office-Level)作为审计供给方,研究国际四大的各个分所之间是否提供了一致的审计质量,结果发现规模越大的分所提供的审计质量越高,表现为大规模分所更可能出具非标审计意见、客户的盈余管理程度更低。他们认为四大分所之间质量的不一致性具有重要意义。

2.2 合伙人水平

2.2.1 签字会计师—客户关系

Chen 等(2009)基于 1995—2005 中国的签字会计师数据,研究签字会计师—客户关系对审计质量的影响。当签字会计师"跳槽"时,他们根据客户是否跟随会计师"跳槽"分成两组。研究发现:"跟随"的客户组在签字会计师"跳槽"前、后的审计质量都显著低于没有"跟随"的客户组,而且"跳槽"之前的差异系数大于之后的差异系数。

Chen 等(2010)研究签字会计师—客户关系对事务所选择的影响。详细分析了 2001 年安永—大华的事务所合并后客户变更事务所的情况,发现安永和大华合并之后,出现了大量的原大华客户变更事务所的情况。他们认为第一轮客户流失潮(发生在 2002 年)主要是由安永大华为了减少风险,剔除较差的客户,进行客户管理所致。在第二轮客户流失潮(发生在 2004 年)则主要是由于原安永的签字会计师不适应安永的文化和严格审计程序选择离开事务所,而客户则跟随会计师"跳到"本地事务所引起的。

刘峰等(2002)在考察中天勤的客户流向时发现,客户选择事务所与该客户原先的签字注册会计师加盟新事务所之间存在相当高的关联度,在 55 家客户中,与两位签字注册会计师中的任一位选择同一家事务所的共有 21 家,占总数的 38%。也就是说,超过三分之一的客户是与其签字注册会计师"共进退"①。

李爽和吴溪(2006)研究发现,在2002年以前会计师事务所连续审计达到或超过5年的上市公司数为样本中,与上市客户维持最长审计任期的签字注册会计师的任期/会计师事务所的任期的均值为77.5%,表明:在自然状态下,会计师事务所与上市客户之间的长期业务关系普遍以个别签字注册会计师的长期连续签名方式维系。

王少飞(2010)研究签字会计师与客户之间的关系如何影响客户的审计师选择,通过对比签字会计师离开事务所并带走客户的公司与签字会计师离开事务所没有带走客户的公司后,发现在签字会计师"跳槽"之前,公司的盈余管理越强,越会跟随审计师到新的事务所,表明客户资源的控制权归签字会计师而非事务所所有。并且,他们还发现这类公司在事务所变更前的审计质量更差。

2.2.2 "旋转门"

"旋转门"本意指雇员在某行业与影响该行业的政府部门之间的角色转换,即可能是从行业转到政府部门任职,也可能从政府部门转到行业工作。由于审计师具有监督企业财务报告的职责,因此从审计师的身份转换为企业管理人员的身份可以成为会计行业中的"旋转门"现象(吴溪,王晓和姚远 2010)。会计行业中的"旋转门"现象有两种类别:一种是审计人员成为此前没有提供过审计服务的企业的管理人员,另一种是审计人员成为此前提供过审计服务的客户的管理人员。一般来讲,"旋转门"现象是指第二种类别。因为第一种"旋转门"情形可能只是单纯地出于从事审计工作的人员通常具有较强的财务和会计技能而聘请审计人员,而第二种"旋转门"现象对审计独立性和审计质量的危害则较大,因为作为前审计项目组成员,跳槽者对事务所审计业务的一般程序和方法具有更强的预见能力和反审计能力,更有能力影响客户的审计过程(Lennox 2005)。因此萨班斯—奥克斯利法案对第二种情形规定了一年的冷冻期,即审计师从会计师事务所离职未满一年时,该审计师的公众公司客户不得聘任其担任公司的财务或会计高管。

"旋转门"文献主要考察旋转门现象与审计质量之间的关系。Menon 和

---

① 他们认为这一发现对事务所规模效应(会计师事务所的规模越大,审计质量越高)提出了挑战,因为如果是经办注册会计师而非事务所对其客户拥有最终选择权和控制权,且每个注册会计师最终的业绩在相当程度上与其所拥有的客户数量相关,那么事务所就像一个"合伙人联合体",事务所规模越大,合伙人越多,代理成本也越大。同时这一发现也提醒我们必须关注这样一个问题:事务所的内部组织结构究竟应该如何安排?其他治理机制如何配合?

Williams(2004)发现当公司的高管曾经是其审计师的合伙人时,公司的盈余管理行为更为激进,审计师的审计质量更差。他们把这些公司称为关联公司(Affiliated Partner Firm)。他们还考察了萨班斯—奥克斯利法案针对财务总监的一年冷冻期(Cooling-Off Period)是否合理?结果发现财务总监关联显著地降低了审计质量,说明萨班斯—奥克斯利法案针对财务总监是合理的,但是Firstyear这一虚拟变量并不显著影响审计质量,说明一年的冷冻期限没有被证据支持。

Lennox(2005)进一步把关联公司(affiliated partner firm)区分为雇佣关联(employment affiliation)和校友关联(alma mater affiliation)。区分雇佣关联和校友关联的理由是,第一,研究发现校友关联比雇佣关联的公司更可能获得清洁审计意见。这一结果对监管层具有重要意义,目前的监管只是针对雇佣关联监管。第二,利用校友关联样本可以排除自选择(self-selection)问题,即存在这样一种可能性:合伙人因为对客户进行了审计,对客户比较了解,具有私人信息(private information),所以知道客户未来的财务状况较好,所以才会选择"跳槽"。而利用校友关联可以较好地解决这一问题,因为校友关联是合伙人先离开事务所,然后加入上市公司,之后上市公司更换审计师为原来的事务所。所以合伙人"跳槽"过去并不是具有私人信息,因为他之前没有审计过它。研究结果发现,关联公司公司比非关联公司更容易获得清洁审计意见。此外,校友关联比雇佣关联公司更加可能获得清洁审计意见。以上研究均发现"旋转门"现象损害了审计质量,但是Geiger等(2005)却发现"旋转门"公司在"旋转门"时间之前或之后年度的盈余管理并没有显著地更高。

由此需要研究"旋转门"如何影响审计质量,即"旋转门"的影响机制是什么?这方面的研究还较少,吴溪等(2010)研究"旋转门"行为形成的内在机理。通过一则案例他们考察审计师与客户雇佣关系形成的过程以及形成前后财务报告质量,结果发现,在审计师与客户雇佣关系形成之前存在审计质量减损的若干迹象。这说明审计质量的潜在减损可能是审计师与客户形成雇佣关系的一种解释。

2.3 "合伙人"水平的客户重要性

因为客户的重要性以及审计师对其产生的经济依赖程度(economic dependence)在事务所水平和事务所办公室水平可能是不同的,因此reynolds and francis(2000)在事务所办公室水平重新考察客户重要性对审计师独立性的影响。研究发现事务所并没有向重要客户妥协，重要客户的审计质量并没有显著地更低，他们认为这是因为事务所受到声誉机制和法律诉讼风险的制约。

Chen 等（2010）考察制度环境和监管政策对客户重要性与审计质量关系的影响。首先基于签字会计师水平的分析发现：在 2001 年之前，监管政策较松，投资者保护不好，客户重要性对审计质量（用出具非标的概率表示）有负面的影响，而在 2001 年之后，监管政策加强，对投资者保护较好后，客户重要性对审计质量有正面的影响。

2.4 "合伙人"水平的审计任期

Carey 和 Simnett（2006）首次分析合伙人审计任期对审计质量的影响。由于合伙人审计任期对审计质量的影响可能与事务所审计任期对审计质量的影响不一样，比如，在初次审计时，合伙人初次审计的风险更小，因此可能对审计质量的影响不尽相同，有必要再研究合伙人审计任期对审计质量的影响。结果显示，合伙人的审计任期越长，发表非持续经营审计意见的可能性越小，越可能出现达到或刚好超过预期利润，对异常营运资本没有显著影响。总体上表明合伙人审计任期会降低审计质量。

Chen 等（2008）利用台湾披露签字会计师的独特优势，分析合伙人审计任期对审计质量的影响，结果发现了与 Carey 和 Simnett（2006）不同的结论。由于之前的研究并没有在回归模型中控制事务所审计任期，因此发现的结论不可靠，因为现有的事务所任期的研究发现可能只是合伙人审计任期的结果。Chen 等（2008）在模型中同时放入合伙人审计任期和事务所审计任期，发现用异常应计的绝对数衡量的审计质量随着审计合伙人任期的增加而增加。

Chi 等（2009）利用台湾 2004 年半年报的数据，研究强制性审计合伙人变更政策的效果，研究发现：用操纵性应计衡量审计质量时，强制变更组的审计质量与无须变更组、前期自愿变更组之间不存在显著差异；而强制变更组的审计质量则显著小于自身的前期组。他们进一步还发现：用 ERC 来衡量市场"认知"的审计质量时：强制变更组的审计质量与无须变更组、自身前期组之间没有显著差异，但显著大于前期自愿变更组的 ERC。虽然存在这一情况，但综合以上的经验证据，总体上支持强制审计合伙人轮换并没有提高审计质量。

刘启亮等（2008）以签字会计师 5 年期强制轮换规定出台之前 1998—2002 年的 299 家 A 股上市公司为研究对象研究签字会计师任期与审计质量的关系。

研究发现,随着签字会计师任期的延长,审计质量得到显著性地改善,审计任期对公司盈余管理具有显著的抑制作用。但主要体现在正向盈余管理中,在正向盈余管理中,签字会计师任期的延长有助于抑制公司的正向盈余管理行为,在负向盈余管理中,随着签字会计师任期的延长,公司的盈余管理并未得到控制。

3 制度背景和相关法律法规

本节首先介绍我国会计师事务所的发展历程和面临的特殊制度背景,了解我国事务所的发展历程以及面临的制度约束有助于理解事务所的项目负责人配置行为。其次,本节汇总了与事务所配置项目负责人相关的政策、法律和法规。比如,注册会计师如何能够成为项目负责人,成为项目负责人所应具备的资格和条件。由于会计师事务所如何配置项目负责人与事务所质量控制息息相关,因此还介绍了目前的质量控制准则。

3.1 我国会计师事务所发展历程和面临的特殊制度背景

新中国成立后,我国会计师事务所经历了萎缩中断、恢复重建、稳定发展、脱钩改制、扩大规模(易琮 2002),以及做大做强等几个阶段。

1956年随着对资本主义工商业的社会主义改造完成,我国建立了统一的计划经济体制,注册会计师失去了服务对象,逐渐退出了国民经济中。1962年国民经济全面国有化之后,注册会计师行业完全消失(Gensler and Yang 1996)。这一段时期就是注册会计师行业的萎缩中断期。

20世纪70年代末我国实现改革开放,从计划经济体制向市场经济体制转变,产生了对注册会计师的需求,从而为注册会计师行业的重建创造了条件。1981年1月1号,上海会计师事务所的批准成立标志着我国注册会计师行业的恢复重建工作正式开始。

之后,随着《注册会计师条例》的颁布(1986)、中国注册会计师协会的成立(1988)、《关于从事证券从业的会计师事务所、注册会计师资格确认的规定》的颁发(1993)、中国注册会计师协会和中国注册审计师协会的合并(1995)以及第一批《中国注册会计师独立审计准则》的颁布(1995),这些制度的颁布和措施的实施为注册会计师发展扫清了障碍,中国注册会计师在这一阶段得到稳步发展。据1995年底的统计数据,我国共有审计事务所3 828家,注册审计师33 651人,会计师事务所2 519家,注册会计师21 650人。

但是在注册会计师快速发展过程中也出现了不少问题,相继出现了一些臭名昭著的注册会计师造假案件,1992年和1993年期间的"老三案",即"深圳原野事件"、"北京长城机电事件"和"海南中水国际事件"、1997年和1998年期间的"新三案",即"琼民源事件"、"红光实业事件"、"东方锅炉事件"。这些事件使得注册会计师行业陷入"信誉危机"。在学者和监管层反思这些事件之后,会计师事务所的"挂靠"体制弊端逐渐浮出水面,"挂靠"体制使得注册会计师独立性受到严重损害,因此中国证监会和财政部推动了事务所脱钩改制工作,把事务所与挂靠单位脱钩,改制成有注册会计师发起成立的会计师事务所。截止1998年,我国的107家具有证券执业资格的会计师事务所脱钩改制工作基本如期完成。

会计师事务所经过脱钩改制工作后,受到挂靠到位的影响逐渐减少,但是由于事务所的数量相对于上市公司数量偏多,"僧多粥少"现象严重,因此会计师事务所之间出现过度竞争的情况,审计市场的集中度不高。这可以从表2-1关于审计市场的集中度中可以看出,在1993年第一大会计师事务所的客户数占当年上市公司总数的比例为14.2%,这一比例逐年下降,到1999降到了最低点为4.44%,审计市场的集中度不高还表现为前五大比重的下降,从1993年的42.05%下降为1999年的17.75%。为了改变审计市场不顾质量的竞争状况,同时也为了迎接入世之后国外"四大"会计师事务所的竞争,财政部和证监会相继推出了一系列旨在扩大事务所规模的措施。因此,在2000年掀起了事务所合并的第一个浪潮,全国300多家事务所合并成为110家,106家具有证券业务资格的事务所合并后减少为78家。从表2-1的最后一行也可以看出事务所合并的影响,第一大事务所的客户比例和前五大事务所的客户比例均显著地出现提升。

表2-1 审计市场集中度

年份	会计师事务所审计的客户数占当年上市公司总数的比例(%)					
	第一大	第二大	第三大	第四大	第五大	前五大比重
1993	14.2	7.39	7.39	6.82	6.25	42.05
1994	11.85	6.97	6.62	6.62	5.23	37.29
1995	10.61	6.43	6.11	6.11	4.82	34.08

(续表)

年份	会计师事务所审计的客户数占当年上市公司总数的比例（%）					
	第一大	第二大	第三大	第四大	第五大	前五大比重
1996	7.81	5.83	4.27	4.27	3.11	25.29
1997	4.99	4.85	3.61	3.19	3.05	19.69
1998	4.84	4.36	3.27	3.03	2.78	18.28
1999	4.44	3.68	3.35	3.14	3.14	17.75
2000	5.37	4.24	3.49	3.20	2.92	19.22

在2006年为贯彻落实"十一五"规划对注册会计师行业提出的新要求，服务于企业"走出去"战略，中国注册会计师协会发布了《中国注册会计师协会关于推动会计师事务所做大做强的意见》，提出了事务所要"做大做强"，以质量控制为核心的内部治理机制建设，建立健全以质量控制为核心，以决策程序、风险控制、员工培养、收益分配、执业网络协调为重要内容的内部治理机制和内部管理制度。随后中国注册会计师行业出现了第二波合并浪潮向"做大"又前进了一步，但是在"做大"的同时，事务所内部治理方面却仍然存在很多问题，证监会在对具有证券业资格的会计师事务所的现场检查中发现①：一些事务所的内部控制机制不完善，有的事务所甚至没有内部控制机制；尤其是对分所的管理十分不规范。事务所的发展已经到了一个拐点，那就是需要完善会计师事务所的内部组织架构和内部治理机制，确保事务所风险和质量控制措施有效实施，从而保证审计质量（周忠惠 2009）。

此外，中国注册会计师行业还处在具有中国特色的制度环境约束下，其自身的很多行为都是特殊制度下的产物，在此我们列举中国会计师行业面临的外部制度环境：

首先，会计师事务所面临的民事诉讼风险较低。从1981年恢复注册会计师制度到1991年十年间，几乎不存在对会计师事务所的民事诉讼，也没有存在相关主管部门对会计师事务所的行政处罚。到1994年《中华人民共和国公司法》和《注册会计师法》正式实施才对注册会计师法律责任进行了明确规定。但是这些规定缺乏可操作性，而且很少涉及注册会计师的民事责任。

---

① 中国证监会在2007年和2008年分别对14家和20家具有证券业资格的会计师事务所进行了现场检查。

1996年4月4日最高人民法院56号文件关于德阳事务所案件的判决结果第一次明确了注册会计师在执业过程中需要承担行政责任和民事赔偿责任,第一次体现了《注册会计师法》第四十二条:"会计师事务所违反此法规定,给委托人、其他利害关系人造成损失的,应当依法承担赔偿责任"。接着在2002年1月,最高人民法院发布《关于受理证券市场因虚假陈述引发的民事侵权纠纷案件有关问题的通知》(简称"通知"),在2003年1月发布了《关于审理证券市场因虚假陈述引发的民事赔偿案件的若干规定》(以下简称"规定")。但是《通知》和《规定》对受理民事赔偿诉讼案件做出了如下限制:①只对被证券监管部门、财政部或者其他行政机关做出生效行政处罚决定的案件或者法院做出行事判决的案件进行受理;②不接受集体诉讼,只能选择单独诉讼或者共同诉讼;③只受理信息披露虚假陈述的民事索赔案件;④只有直辖市、省会市、计划单列市和经济特区的中级人民法院可以受理此类案件。因此严重限制了事务所被起诉的可能性。从现有的情况看,目前事务所被起诉的情况较少,而且即使被起诉,投资者也很可能获得败诉的结果。

其次,行政处罚成为规范注册会计师审计的重要手段。中国的会计师事务所面临的行政处罚是促使事务所维持审计质量的重要保障。例如,中天勤会计师事务所因为"银广夏"事件而被财政部解散。表2-2列示了监管机构对中国资本市场的监管情况,从PANEL A可以看出对上市公司做出处罚的监管机构有:中国证监会、上海证券交易所、深圳证券交易所、财政部,从1994—2008总共处罚了603起,PANEL B是对这些处罚按年份和是否涉及财务报告进行分类列示,从中可以看出,有一半以上的处罚涉及财务报告质量,而且处罚数逐年递增。

表2-2 证监会处罚情况

PANEL A 监管机构	监管机构对上市公司的处罚(按监管机构)
	处罚数目
中国证监会	371
上海证券交易所	165
深圳证券交易所	231
财政部	6
其他	1
扣除:	

(续表)

PANEL A 监管机构	监管机构对上市公司的处罚(按监管机构)	
	处罚数目	
重复惩罚	119	
其他	52	
总计	603	

PANEL B 年份	监管部门的处罚(按年份和事务所负责分类)		
	处罚数	与财务报告相关	与财务报表不相关
1994	3	3	0
1995	0	0	0
1996	4	4	0
1997	6	4	2
1998	5	4	1
1999	16	12	4
2000	14	12	2
2001	76	42	34
2002	56	34	22
2003	41	29	12
2004	72	46	26
2005	68	38	30
2006	81	44	37
2007	83	30	53
2008	78	39	39
总计	603	341	262

注：数据来源 Liu et al.(2010)表格 8,第 39 页。

3.2 如何成为签字会计师

本部分指的签字会计师是指能够签署上市公司审计报告的注册会计师,因此注册会计师能够成为签字会计师需要两个条件:第一,注册会计师取得执行证券期货相关业务资格;第二,取得证券期货执业资格的注册会计师被事务所任命为项目负责人。

成为签字注册会计师首先必须具备执行证券期货相关业务的资格,那么注册会计师如何取得执行证券期货相关业务资格？1997年《注册会计师执行证券期货相关业务许可证管理的暂行规定》中规定注册会计师申请许可证，应当符合下列条件："（一）所在事务所已取得许可证或者符合本规定第六条的条件；（二）具有证券、期货相关业务资格考试合格证书；（三）有执行独立审计业务三年以上的经历；（四）年龄不超过60岁；（五）以往三年内没有违反法律、法规和执业准则、规则的行为并年检合格。"之后颁布的《注册会计师执行证券期货相关业务许可证管理的规定》与此类似，但存在细微的差异，比如2000年的《注册会计师执行证券期货相关业务许可证管理的规定》把"有执行独立审计业务三年以上的经历"修改成"取得注册会计师证书1年以上"。对取得执行证券期货相关业务资格条件出现较大变化的是取消证券、期货相关业务资格考试，2004年5月国务院发布第三批取消和调整行政审批项目，取消注册会计师执行证券期货相关业务许可证。相应地，中国注册会计师协会也取消证券期货资格考试。

具有执行证券期货相关业务资格的注册会计如何成为签字会计师？2001年7月《关于注册会计师在审计报告上签名盖章有关问题的通知》规定："（一）合伙会计师事务所出具的审计报告，应当由一名对审计项目负最终复核责任的合伙人和一名负责该项目的注册会计师签名盖章；（二）有限责任会计师事务所出具的审计报告，应当由会计师事务所主任会计师①或其授权的副主任会计师和一名负责该项目的注册会计师签名盖章。"因此，这里有必要介绍一下事务所的一般组织形式和人员情况：会计师事务所内部的组织机构一般采取两种形式，一种是所长负责制，另一种是董事会（或管理委员会）领导下的主任会计师负责制。这两种形式的主要区别是：前者是由所长对会计师事务所的行政和业务负全面责任；后者则由董事会（或管理委员会）为会计师事务所的最高权力机构（汪名友

---

① 事务所应当设主任会计师，从股东中选举产生，对董事会负责并报告工作。主任会计师为事务所法定代表人或执行事务合伙人，主任会计师应当切实履行法定代表人的职权。根据中国注册会计师协会关于印发《合伙会计师事务所协议范本》和《有限责任会计师事务所章程范本》的通知，主任会计师的责任包括：(1)负责主持会计师事务所日常的管理活动，为事务所的日常管理和业务质量承担全面和最终责任。(2)负责拟定会计师事务所的各项基本管理制度、组织机构设置方案，拟定和组织实施年度业务发展计划；(3)负责对会计师事务所内部的各项业务、经营活动进行调控、协调和监督；(4)对外代表本会计师事务所行使授权范围内的职权；(5)负责组织顶顶并实施会计师事务所的执业操作规程以及质量监管、培训等内部管理制度；(6)提名副主任会计师、其他高级管理人员，聘任或者解聘会计师事务所除副主任会计师、其他高级管理人员以外的员工，并决定其报酬和奖惩事项；提议召开董事会临时会议（或者合伙人会议、合伙人管理委员会会议）；事务所章程或董事会（合伙人会议或者合伙人管理委员会会议）授权的其他事项。

2008)。无论哪种形式会计师事务所内部的人员一般包括主任会计师、部门经理、项目经理及注册会计师、普通员工(冯均科 2009)。因此通常来讲,签字会计师由主任会计师(合伙人)、项目经理担任。

此外,2009 年《中国证券监督管理委员会关于建立和完善证券期货相关业务签字注册会计师制度的通知》要求各会计师事务所应建立、健全有关从事证券期货相关业务签字注册会计师的选拔、委派及考核制度。这表明注册会计师是否能成为签字会计师的权力在于事务所,但名单要上报证监会备案。

3.3 事务所质量控制

PCAOB 把质量控制定义为:为事务所及其人员遵守职业准则和事务所质量准则提供合理保证。会计师事务所质量控制概念最早可见于 1970 年代 SEC 对证券市场上的会计丑闻调查中:"……在许多情况下,审计失败是由于事务所缺乏充分的控制、充足的人员培训以及执行准则导致的"。之后在 1974 年 12 月,美国注册会计师协会的审计准则执行委员会颁布了最早的关于事务所质量控制的准则——审计准则 4 号(《独立审计师公司质量控制考虑》)。1978 年美国注册会计师协会成立下属的质量控制准则委员会,并在次年发布《质量控制准则说明书第 1 号》,提出关于事务所进行质量控制的 9 个要素。

PCAOB 现有的关于质量控制的过渡期准则包括:20 号质量控制准则—针对 CPA 公司的会计和审计业务的质量控制体系;30 号质量控制准则—监督 CPA 公司的会计和审计业务;40 号质量控制准则—会计师事务所质量控制体系中的人力资源管理部分—项目负责人的执业胜任能力要求。除了这些准则外,PCAOB 还把 AICPA 和 SEC 对从事证券业务事务所的要求也列入过渡期的质量控制准则中[①]。

中国注册会计师协会也非常重视质量控制准则的制定。中国注册会计师协会把质量控制定义为会计师事务所为了确保审计质量符合法律法规、中国注册会计师职业道德规范以及中国注册会计师业务准则要求,明确会计师事务所及其人员的质量控制责任而建立和实施的控制政策和程序的总称。早在 1996 年,

---

① 包括:SECPS 1000.08(D)会计师事务所人员继续执业教育;SECPS 1000.08(I)向所有专业人员征求意见;关于会计原则、现任和潜在客户关系以及服务范围的提供方面的公司政策与程序;SECPS 1000.08(M)向委员会报告辞聘和解聘审计师的通知;SECPS 1000.08(N)会计师事务所关于其相关公司、其他海外成员所或者海外分所的政策和程序的责任;SECPS 1000.08(O)满足独立性要求的政策和程序。

中国注册会计师协会就拟定了《中国注册会计师质量控制基本准则》。随着复杂的执业环境和社会公众对注册会计师执业质量要求的提高,2006年,中国注册会计师协会又对原有的质量控制准则进行了相应修订,并以《会计师事务所质量控制准则第5101号——业务质量控制》和《中国注册会计师审计准则第1121号——历史财务信息审计的质量控制》替代了原有的《中国注册会计师质量控制基本准则》。在《会计师事务所质量控制准则第5101号——业务质量控制》中明确规定中国会计师事务所质量控制制度的主要内容:①对业务质量承担领导责任;②执业道德规范;③客户关系和具体业务的承接和保持;④人力资源;⑤业务执行;⑥业务工作底稿;⑦监控。

在《会计师事务所质量控制准则5101号——业务质量控制》中规定:项目负责人是指会计师事务所中负责某项业务及其执行,并代表会计师事务所在业务报告上签字的主任会计师或经授权签字的注册会计师。并且会计师事务所应当对每项业务委派至少一名项目负责人,并将项目负责人的身份和作用告知客户管理层和治理层的关键成员,清楚界定项目负责人的职责,并告知项目负责人(5101号准则第34条)。项目负责人应当在审计业务的所有阶段,通过行动示范和信息传达,向项目组其他成员强调以下事项的重要性,以保证审计业务的质量:①按照法律法规、职业道德规范和审计准则的规定执行审计工作;②遵守适用的会计师事务所质量控制政策和程序;③根据具体情况出具恰当的审计报告(丁瑞玲和吴溪 2010)。但对于事务所应该如何委派和更换项目负责人,审计准则并没有对此进行规范。

对违反职业道德规范行为的处理。会计师事务所应当制定处理违反职业道德规范行为的政策和程序,指出违反职业道德规范的后果,并据此对违反职业道德规范的个人及时进行处理(丁瑞玲和吴溪 2010)。

前文提及项目负责人对事务所质量控制的重要性,此处我们详细介绍项目负责人在质量控制中的重要地位具体体现在哪些方面[①]。

第一,项目负责人在质量控制中的重要地位体现在项目负责人承担的责任上。项目负责人对会计师事务所分派的每项审计业务的总体质量负责。而且项目负责人应当对下列事项负责:按照法律法规、职业道德规范和审计准则的规

---

① 这部分的内容是对《中国注册会计师审计准则第1121号——历史财务信息审计的质量控制》中涉及项目负责人部分的整理。

定指导、监督与执行审计业务;根据具体情况出具恰当的审计报告。项目负责人应当在审计业务所有阶段,通过行动示范和信息传达,向项目组其他成员强调下列事项的重要性,以保证审计业务的质量:按照法律法规、执业道德规范和审计准则的规定执行审计工作;遵守使用的会计师事务所质量控制政策和程序;根据具体情况出具恰当的审计报告。

第二,项目负责人在确保项目组成员遵守职业道德中扮演着重要作用。体现为:项目负责人应当考虑项目组成员是否已遵守职业道德规范。在整个审计过程中,项目负责人应当对项目组违反执业道德规范的迹象保持警惕。如果发现项目组成员违反执业道德规范,项目负责人应当与会计师事务所的相关人员商讨,以便采取适当的措施。项目负责人应当记录识别出的违反职业道德规范的问题。项目负责人应当就审计业务的独立性要求是否得到遵守形成结论。

第三,项目负责人也在客户关系和业务承接方面扮演重要作用。项目负责人应当确信,有关客户关系和具体审计业务的接受与保持的质量控制程序已得到遵守。无论有关审计业务接受与保持的决策过程是否有项目负责人发起,项目负责人都应当确定最近的决策是否适当。

第四,项目负责人的作用还体现为项目负责人还应确保项目组整体具有适当的素质、专业胜任能力以及必要的时间,能够按照法律法规、职业道德规范和审计准则的规定执行审计业务,并根据具体情况出具恰当的审计报告。

但现有的会计师事务所质量控制准则只针对项目负责人如何挑选具有胜任能力的项目组成员、如何应对项目组成员违反职业道德的情况做了必要的规范,而似乎忽略了一个重要的问题,即项目负责人自身的胜任能力问题,项目负责人自己违反道德规范时谁来监督项目负责人?怎样惩罚项目负责人?

第3章 理论分析和研究假说

在介绍相关文献和制度背景的基础上,本章将对项目负责人配置进行理论分析和研究假说推导。本章共有两节,第1节介绍解释项目负责人配置的两种理论:会计师事务所质量控制理论和项目负责人—客户关系理论。值得说明的是,本书提出这两种解释项目负责人的理论或者角度,但并不排除可能还存在其他的理论来解释项目负责人配置,但是这两种理论是目前比较可信,而且能够通过大样本数据来验证的理论①。因此在第2节中,我们根据会计师事务所质量控制理论和项目负责人—客户关系理论进一步推出可以检验的假说。

1 项目负责人配置的两种理论

前文已述及,项目负责人配置过程中涉及三方面的利益相关者:客户、项目负责人、会计师事务所。由此引申出项目负责人配置的两种理论:会计师事务所质量控制理论和项目负责人—客户关系理论。这两种项目负责人配置理论的本质区别在于项目负责人配置权力的归属。如果会计师事务所掌握项目负责人的配置权,那么解释项目负责人配置现象就应该用图3-1研究框架的左半部分,即事务所质量控制理论。如果客户对项目负责人的配置拥有很大的权限,那么解释项目负责人配置现象就应该用图3-1研究框架的右半部分,即项目负责人—客户关系理论。因此本节的后续部分将对这两种理论分别进行叙述。

---

① 通过后文中H2和H3的检验,本书在一定程度上对这两种解释项目负责人配置的竞争性理论进行了区分。结果表明项目负责人配置与项目负责人—客户关系理论相符,而与会计师事务所质量控制理论不符。即会计师事务所并不完全拥有对项目负责人配置的权力,相反,客户在项目负责人配置的决策中占有重要地位。

图 3-1　项目负责人配置的理论框架

1.1　会计师事务所质量控制理论

会计师事务所质量控制的理论渊源可追溯到契约和交易成本理论，契约经济学和交易成本经济学由 Coase(1937)开辟，之后由 Alchian，Demsetz，Klein，Williamson 等学者加以拓展和发扬(Coase 1960；Alchian and Demsetz 1972；Jensen and Meckling 1976；Klein，Crawford，and Alchian 1978b；Williamson 1979；Cheung 1983；Fama and Jensen 1983b，1983a；Williamson 1985)。这一学派的一个重要思想是：竞争的交易主体之间如何安排契约以最小化交易成本①。

把这一思想应用于解释企业组织行为，我们便可得出各种组织结构之间相互竞争，最优的组织结构是能够最小化交易成本的组织结构(Jensen 1983)。而会计和审计都是组织结构的有机组成部分，是组织商业企业有效技术的重要组成部分(Jensen and Meckling 1976；Watts and Zimmerman 1983)。

契约将不会减少交易成本，除非签约各方能够确定契约是否被违反，因此人们要求监督这些契约(watts and zimmerman 1986)。无论产权经济学的文献还是契约经济学的文献都表明会计在制定契约条款以及在监督这些条款的实施中发挥了重要的作用。会计数据经常用于各种契约(债务契约、薪酬契约等)，契约各方的行动受到基于会计数据的限制。因此，人们便提出计量和报告这些数据的要求(亦对会计的要求)。审计也在监督契约的过程中发挥了作用。审计过的盈余数据被用于薪酬契约中，并且审计师对发现违反限制性条款的行为进行报告。

外部审计通过引入第三方的监督机制，在规范财务报表、约束盈余管理、降低信息不对称、减轻委托代理问题、保护投资者权益和维护金融市场的良性运转上都起着至关重要的作用(Eilifsen and Messier 2000)。因此，外部审计是公司治理诸多机制中不可或缺的一环，但是这种监督机制能监督契约、减少交易成

---

① 这一观点与 Alchian(1950)提出的经济达尔文主义一脉相承。

本,其有效性则取决于执行这一监督作用的第三方发现舞弊的能力和报告舞弊的独立性,即保证审计质量。

保证审计质量的措施有很多:审计师声誉、行业协会、政府部门的监管(比如:中国证监会和财政部)、事务所质量控制等等。其中事务所质量控制处于审计质量控制体系的核心位置。传统的事务所质量控制包括以下几个部分:①对业务质量承担领导责任;②执业道德规范;③客户关系和具体业务的承接和保持;④人力资源;⑤业务执行;⑥业务工作底稿;⑦监控。但目前的事务所质量控制体系遗漏的一个重要方面就是事务所内部治理。而这也正是目前准则制定机构正在考虑的问题。正如上市公司的财务信息质量取决于公司治理机制的有效运行,会计师事务所的审计质量同样取决于事务所治理机制的完善程度。事务所治理中的一个重要问题是事务所如何进行分权和监督(PCAOB 2004),而事务所如何分派项目负责人恰好体现的是事务所如何进行分权、事务所是否按审计质量更换项目负责人正是事务所分权之后监督项目负责人的一种重要机制。因此,事务所质量控制理论预期,事务所应当从保证审计质量的角度出发分派和更换项目负责人。

1.2 项目负责人—客户关系理论

中国是一个关系型社会,关系在包括经济交易在内的人际交往中占有重要的地位。人们对关系网内人具有高度的信任,而对关系网之外的人却又存在普遍的不信任(费孝通 1948;Weber 1951),因此,往往倾向于与有关系的人进行交易,进而形成熟人社会。在这样一个制度环境下,社会关系在资源配置中发挥着极其重要的重要。

近期,社会关系(Social Network)对资源配置的影响已成为学术研究的热点。现有文献发现,社会关系能够带来公司价值的提升(Fisman 2001)、更多的政府补贴和救助(Johnson and Mitton 2003;Faccio, Masulis, and McConnell 2006)、更多的贷款和更优厚的贷款条件(Claessens, Feijen, and Laeven 2008;Faccio 2006;Fan, Rui, and Zhao 2008;Khwaja and Mian 2005;余明桂和潘红波 2008)、更低的税率(Adhikari, Derashid, and Zhang 2006;吴文锋,吴冲锋,和芮萌 2009)、更多的市场份额和政府采购合同(Goldman, Rocholl, and So 2009)、更高的产品价格(Cingano and Pinotti 2009)、更多的产业进入(胡旭阳 2006;胡旭阳和史晋川 2008;Bunkanwanicha, Fan, and Wiwattanakantang

2008;罗党论和刘晓龙 2009)、更弱的监管约束和法律制裁(陈信元等 2009)。同时,社会关系也会对公司治理产生影响(Fracassi and Tate 2009)。会计学者把社会关系引入会计文献中相对较晚,但近期也取得了一些成果。比如研究人员发现具有政治关系企业的会计信息更不透明(Chaney,Faccio,and Parsley 2009;Ramanna and Roychowdhury 2010)①。

审计业务也不例外,社会关系必然在审计资源配置上发挥作用。研究人员发现社会关系(主要是指项目负责人—客户关系)会影响众多审计行为。学者们发现项目负责人—客户关系会影响审计师选择(刘峰,张立民,雷科罗 2002)、审计师变更(王少飞,唐松,李增泉,姜蕾 2010)、审计任期和审计地域性质(于旭辉 2008)以及审计质量(Chen et al. 2009)。

一个合理的预期就是项目负责人—客户关系也会对项目负责人的配置产生影响。会计师事务所在配置项目负责人的过程中,必然会考虑到附着在项目负责人身上的这层关系。

2 研究假说

推动会计师事务所做大做强,是当前会计师事务所行业发展的一项重大战略。而加强会计师事务所的质量控制是实现做大做强的基石。近年来,会计师事务所的质量控制越来越受到监管层的重视(PCAOB 2003,2004,2010;中国注册会计师协会 2006,2010)。周忠惠(2009)认为,国内会计师事务所尤其是已具规模的事务所的发展已经到了一个拐点,那就是需要完善会计师事务所的内部组织架构和内部治理机制,确保事务所风险和质量控制措施有效实施,从而保证审计质量。由于项目负责人主导整个审计业务活动,并对审计业务的总体质量承担领导责任,因此,项目负责人对事务所质量控制起着重要的作用。

将工作委派给具有专业胜任能力的人员是事务所质量控制的重要组成部分。由于项目负责人在整个项目中的重要地位,所以在项目工作委派中一个重要的初始环节就是项目负责人的委派。由于较高风险的客户往往伴随着较高的审计失败概率,需要较强胜任能力的项目负责人以减少发生审计失败的可能性。而形成专业胜任能力的重要途径之一就是执业经验(IFAC 2007)。因此,质量

---

① 政治关系对资源配置的影响摘自夏立军(2010)工作论文。

控制理论预期事务所应该为风险较高的客户分派执业经验较高的项目负责人。客户的风险越高,那么越倾向于配置执业经验丰富的项目负责人以控制审计风险。因此我们提出如下假说。

研究假说 H1:客户的风险越高,会计师事务所为其配置的项目负责人的执业经验也越高。

首先,根据委托—代理理论:由于代理人行为具有不透明性,委托人必须通过监控其行为结果来减少代理人背离其利益的行为,因此,企业的业绩决定了高管更换发生的可能性。当业绩下降时,高管更可能被更换。对于事务所来讲,项目负责人就是事务所委托负责审计上市公司的代理人,由于项目负责人与事务所的利益存在不一致性,(例如,项目负责人造成的上市公司审计失败,会由整个事务所来承担①),因此,事务所有动机监督并更换低质量的项目负责人。虽然在实务中,事务所可能根据具体的情况(例如,是否违反事务所的政策和程序,是否遵守职业道德、项目负责人能否保持独立性等)决定是否更换项目负责人,但所有这些情况都会反映到审计质量上,即导致较差的审计质量或审计质量下滑。因此当项目负责人的审计质量较差或者审计质量出现下滑时,更可能被事务所更换。

其次,根据质量控制准则的要求,事务所内部应形成以质量为导向的文化,树立质量至上的意识,建立以质量为导向的业绩评价和职位晋升的政策和程序。项目负责人作为事务所中较高层次的职位,尤其是负责上市公司的项目负责人,其委任和更换应更加注重审计质量。此外,由于项目负责人对分派的每项审计业务的总体质量承担责任,因此,当一个上市公司审计项目出现问题的时候,对主要责任人进行处罚才能真正体现质量控制准则中对"业务承担领导责任"的要求。因此我们正式提出如下假说。

研究假说 H2:项目负责人的审计质量越差或者项目负责人的审计质量下滑越厉害,会计师事务所越倾向于更换项目负责人。

虽然从质量控制的角度,会计师事务所应该更换审计质量较差的项目负责人。但是其他的因素会阻碍事务所按照质量控制的原则更换项目负责人,其中可能的一种情况是项目负责人与客户之间的关系。关系是理解中国社会结构和中国人心理与行为的一个核心概念(彭泗清 1999)。由于中国传统文化的延续

---

① 安然事件就是一个例证。安达信休斯顿分所针对安然公司的审计失败,最终导致了安达信事务所的解体。

以及转轨和新兴市场中法律制保护及其执行较弱,在中国,人与人之间、企业与企业之间的交易倾向于采用关系的治理方式。正式契约往往只是一种君子协定,其主要功能在于界定人际关系的具体内容,起到备忘录的作用,而不是对私人关系的替代。关系就其本质而言是一组联结(interpersonal connections),促进人与人之间互利互惠的交易(Hwang 1987;Yang 1994)。关系能促成交易、限制机会主义行为的原因不在于关系使得交易双方形成亲密的关系或者双方之间的信任,而是在于关系使得交易双方承担了相互的义务(reciprocal obligation)和回报。在关系网内,一个人如果不履行自己的义务,他就会丢失声誉、失去面子,不仅会受到别人的谴责和同样地"报复",而且可能会付出极大的代价,包括失去关系网及其中所包含的社会资源(Hwang 1987;Bian 1997)。因此私人关系在中国的经济活动中占有重要的作用。

中国审计市场中一个较深层次的问题是:会计师事务所与客户的业务关系往往是由具体的项目负责人来维系的。李爽和吴溪(2006)在2002签字会计师强制轮换年之前的样本中发现,与上市客户维持最长审计任期的签字注册会计师任期占会计师事务所任期的比值的均值为77.5%。表明在自然状态下,会计师事务所与上市客户之间的长期业务关系普遍以个别签字注册会计师的长期连续签名方式维系。而这一关系的价值在事务所被吊销执业资格和签字会计师"跳槽"时表现地尤为明显,刘峰等(2002)在考察中天勤的客户流向时发现,客户选择事务所与该客户原先的签字注册会计师加盟新事务所之间存在相当高的关联度,在55家客户中,与两位签字注册会计师中的任一位选择同一家事务所的共有21家,占总数的38%。也就是说,超过三分之一的客户是与其签字注册会计师"共进退"。此外,签字会计师"跳槽"带走客户的行为也时有发生,Chen等(2010)分析了安永和大华事务所的合并案例,他们采用档案研究和实地访谈相结合的研究方法,发现合并之后第二波客户变更事务所是由签字会计师跳槽之后客户跟随会计师到本地事务所引起的。

会计师事务所与客户的业务关系往往是由具体的项目负责人来维系的一个重要原因是签字会计师与客户之间存在亲密的关系。签字会计师与客户之间的关系往往是注册会计师的一项重要资源[①]。会计师—客户关系的一个重要特性

[①] 比如,在《中天勤崩塌》中提到"……在上市公司审计市场上,客户资源仿佛注册会计师们的私产……"(靳丽萍,2001)。

是它是依附于会计师身上的,而事务所通过拥有注册会计师间接地拥有了这一资源。签字会计师与客户之间的私人关系,体现为客户与签字会计师之间的资产专有性投资①。因为资产专有性投资无法轻易地转让。以朋友关系为例,客户对原签字会计师之间的友情投资是专有性投资,而对事务所的其他会计师而言,原签字会计师与客户之间的友情是不能通过"市场"转让和继承的。因此客户与会计师互相专有性投资的后果就是,客户与会计师之间形成双边绑定和双边垄断的关系(Fama and Jensen 1983a;Klein,Crawford,and Alchian 1978a)。

这样配置的后果就是,一旦会计师事务所更换了会计师—客户关系较强的审计项目负责人,原来的审计业务关系将很难维系,事务所很可能会丧失此客户。因此我们提出以下假说。

研究假说 H3:项目负责人的会计师—客户关系越强,会计师事务所越不可能更换项目负责人。

就客户换所威胁与审计意见的研究文献而言,以往文献在理论模型与实证研究结论上存在冲突。理论模型表明客户换所威胁会影响审计师出具非标审计意见的概率(Dye 1991;Teoh 1992),然而实证研究却得出了与此相反的结论:Krishnan(1994)发现在换所的前一年,相比于没有换所的客户,审计师对待换所的客户更加稳健和严格。换所公司与没有换所公司相比,触发非标审计意见的阈值(threshhold value)显著地更低。Krishnan 和 Stephens(1995)比较了发生审计师变更的公司前任与后任审计师的报告决策行为,发现对于变更审计师的公司,前任和后任审计师对客户的处理并无差异;但与未发生变更的公司相比,审计师对变更公司的处理更加稳健,他们的证据表明审计师变更不是由改善审计意见引起的。Krishnan 等(1996)在考虑了审计师更换与出具非标审计意见之间存在互为因果的关系后,发现换所公司相对于没有换所的公司更可能得到

---

① 资产专有性投资是指为支撑某种具体交易而进行的耐久性投资(Williamson 2002)。Williamson(1985)将资产专有性投资划分为六类:(1) 地点专有性投资(site specificity),如建在瀑布旁边的发电厂;(2) 有形资产专有性(physical asset specificity),如为生产特定部件所需的专用模具;(3) 人力资产专有性(human asset specificity),如投资在交易时的人员训练以使其具有特殊用途的技能;(4) 贡献性资产(dedicated asset),如对特定伙伴投资的一般性资产或者是特殊的生产程序;(5) 品牌资产(brand name capital),如对品牌名称而产生的专用性投资;(6) 时间专用性(temporal specificity),指具有时间限制的特殊性投资,一旦时间过去该资产便失去价值。

非标审计意见①。但是这些研究在检验客户换所威胁是否影响审计意见时都采用了客户实际换所来替代换所威胁,没有考虑客户换所威胁与客户实际换所之间的差异。虽然客户实际换所是客户换所威胁的重要来源,如果事务所判断客户永远不会换所,那么客户换所威胁也不存在。但是客户换所威胁的体现却不在客户实际换所的时候,而更可能出现在客户实际换所之前。事实上,客户实际换所的出现可能暗示着客户换所威胁的不成功。因此客户换所威胁应该主要体现在客户实际换所之前客户威胁能否改善审计意见。根据这一推断,我们考察客户是否在实际换所之前,迫使②事务所更换发表非标审计意见的项目负责人以改善审计意来检验客户换所威胁。因此我们正式提出假说。

研究假说 H4:收到非标审计意见的客户,通过"施压"更换项目负责人,可以改善审计意见。

---

① 还有一些研究通过考察客户重要、非审计服务是否影响审计意见来检验客户换所威胁是否存在,因为客户越重要、非审计服务的比重越大则换所威胁也越大。但客户重要性与非审计服务的研究结论也不一致。

② 在中国审计市场环境下,客户也有能力向事务所"施压"更换项目负责人。因为中国审计市场存在激烈的竞争,在换所威胁下,客户有能力向事务所"施压"更换项目负责人。

第4章 研究设计

1 数据来源

本书的数据主要分为两个部分：第一个部分为签字会计师、会计师事务所数据，第二个部分为上市公司数据。

其中第一部分的签字会计师数据有三个来源：审计报告、注册会计师任职资格检查报告和签字会计师个人特征库。

1.1 审计报告中的签字会计师数据整理

按照中国审计准则对项目负责人的定义，我们把审计报告的签字会计师认定为事务所负责该上市公司项目的审计项目负责人。这一认定方法也与现有文献相一致(吴溪 2009)。为此我们首先从 CSMAR 数据库中取得负责上市公司审计的签字注册会计师的原始数据，但发现一些签字会计师数据存在问题，对此我们进行了一系列的修正工作。

1.2 注册会计师年检库

我们收集和整理了一个注册会计师年检库。根据注册会计师任职资格检查，手工收集了 2008 年、2009 年、2010 年的各个地方注协公布的执业注册会计师年检名单[①]。注册会计师年检名单中包含了各事务所的所有注册会计师，包

---

① 我们的库中：2009 青海和西藏注协的注册会计师年检名单缺失。2008 年广东、山东、内蒙古、青海、重庆、贵州、西藏、甘肃、新疆、山西、宁夏注协的注册会计师年检名单缺失。

括签字会计师和非签字会计师,因此我们可以准确地判断上市公司签字会计师是否跳槽,是否"降格"为非签字会计师。结合事务所变更的信息,我们还可以判断会计师是否"带"着客户跳槽到另一家事务所,但是会计师并没有在第一年签字的情况。

1.3 项目负责人的个人特征数据

项目负责人的个人特征数据来源于中国证监会网站中的会计师事务所及资产评估机构监管系统[①]。由于中国证监会网站只提供会计师事务所现有从业人员的信息资料,所以我们手工收集了2009年的项目负责人的个人特征数据(包括性别、学历和签署资格信息)。其中签署资格是指项目负责人签署审计业务报告的资格、签署评估业务报告的资格、签署与证券期货相关的审计业务报告的资格、签署与证券期货相关的评估业务报告的资格,由于本书的项目负责人指的是负责上市公司审计的签字会计师,因此,必然具备签署审计业务报告的资格和签署与证券期货相关的审计业务报告的资格。

会计师事务所的数据主要来源于上市公司审计报告,其中,事务所的总分所数据来源于注册会计师任职资格年检报告。会计师事务所是否发生变更主要依据上下期的会计师事务所名称是否发生变化。但事务所合并、分立和重命名的情况不确认为事务所变更,事务所合并、分立、重命名的信息来源于:中国证监会主编的《谁审计中国证券市场》2001年、2002年;中国证监会网站;中国会计视野;财经媒体报道。这里我们需要介绍一下会计师事务所的总分所数据情况:

会计师事务所的总所和分所数据根据我们自己整理的注册会计师年检库识别审计上市公司的会计师事务所的类别——总所还是分所。由于利用注册会计师年检库可以观察到每个注册会计师所在的事务所的全称[②],因此我们通过签字会计师所在的事务所来推断审计上市公司的事务所。由于2008年、2009年、2010年年检报告分别对应的是2007年、2008年、2009年的注册会计师的检查。由于2007年缺失较多,因此剔除这一年的数据。最后我们得到了2008年和

[①] http://assdata.csrc.gov.cn/Index.aspx.
[②] 全称中通常会直接指明某某事务所某地区分所或者某某事务所某地区分公司。

2009年审计上市公司的会计师事务所的总所和分所情况①。

第二部分的上市公司数据来源于国泰君安信息技术有限公司开发的CSMAR数据库,比如,是否增发、上市年限、行业类型以及财务数据。市场化指数、政府干预指数以及法治指数来源于樊刚、王小鲁、朱恒鹏的《中国市场化指数——各地区市场化相对进程2006年报告》,从政府与市场关系、非国有经济的发展、产品市场的发育程度、要素市场的发育程度、市场中介组织发育和法律环境5个方面指标综合评定出各地区的市场化相对程度。

2 变量定义

2.1 审计质量(AQ)

由于审计质量不可直接观察,学者们尝试用各种不同的方法来衡量审计质量。主要有:用事务所规模替代审计质量,事务所规模越大审计质量质量越高,反之事务所规模越小则审计质量越低。这种衡量方法主要依据Deangelo的准租理论,规模越大的事务所在违规时丧失的准租越多,因此,越有动机维持较高的审计质量。其次,用非标审计意见代表审计质量,事务所出具非标审计意见的概率越大,那么审计质量越高,反之,则审计质量越低。这种衡量方法认为在控制了影响审计意见的其他因素后,事务所越倾向于出具非标审计意见,则说明事务所的独立性越强,进而审计质量越高。最后较常用的衡量方法是用可操纵性应计代表审计质量,可操纵性应计越低则审计质量越高,反之,可操纵性应计越高则审计质量越低。这种衡量方法主要是从审计的结果方面衡量审计质量,如果审计质量较高,那么在其他条件相同的情况下,上市公司的可操纵性应计利润应该更小。这一方法被普遍采用(Myers, Myers, and Omer 2003),因此,本书

---

① 在收集总所和分所数据的时候,我们发现有些事务所只有总所或者只有总所的会计师有签署上市公司审计年报的资格(例如,上海东华、武汉众环、广东正中珠江、浙江天健东方),而有些事务所则拥有众多签署上市公司资格的分所(例如,中磊)。此外,有些事务所的总所和分所在不同年份之间可能发生变更(例如,大信2008总所在湖北,2009年到了北京。中勤万信的湖北分所,原本是它的总所。天健把开元信德合并过来时,把原来的开元信德湖南分所的大部分注册会计师加入到天健总所中。),还有四大事务所的北京总所/分所和上海总所/分所之间可能区别并不是很大。这些情况可能会影响总分所的分析结果。

也采用操纵性应计来衡量审计质量。

操纵性应计依据调整的横截面JONES模型按分年度分行业进行估计。首先按如下模型进行分年度和行业回归：

$$\frac{TAC_{it}}{AT_{it-1}} = a_0 + a_1\left(\frac{1}{AT_{it-1}}\right) + a_2\left(\frac{\Delta REV_{it}}{AT_{it-1}}\right) + a_3\frac{PPE_{it}}{AT_{it-1}} + \varepsilon_{it}$$

得到行业年度特征参数a_0, a_1, a_2, a_3。然后把这些特征参数带入下式求得正常的应计利润NDA_{it}：

$$NDA_{it} = a_0 + a_1\left(\frac{1}{AT_{it-1}}\right) + a_2\left(\frac{\Delta REV_{it} - \Delta REC_{it}}{AT_{it-1}}\right) + a_3\frac{PPE_{it}}{AT_{it-1}}$$

其中，TAC_{it}代表总应计利润，等于公司营业利润减去经营活动现金流量净额，ΔREV_{it}代表主营业务收入变动，等于t期的主营业务收入减去$t-1$期的主营业务收入。ΔREC_{it}代表应收账款变动，等于t期的应收账款减去$t-1$期的应收账款。PPE_{it}代表公司的固定资产净值。AT_{it-1}代表公司上一期的总资产。由此，便可得到基于修正JONES模型的$DA_{it} = TAC_{it} - NDA_{it}$。

我们把上面求得的操纵性应计称为DA_JONES，对其取绝对值后得到ABS_DA_JONES。

其次，依据Kothari等(2005)，我们用业绩调整的JONES模型计算操纵性应计，模型如下：

$$\frac{TAC_{it}}{AT_{it-1}} = a_0 + a_1\left(\frac{1}{AT_{it-1}}\right) + a_2\left(\frac{\Delta REV_{it} - \Delta REC_{it}}{AT_{it-1}}\right) + a_3\frac{PPE_{it}}{AT_{it-1}} + a_4 ROA_{it} + \varepsilon_{it}$$

进行分年度分行业回归后，ε_{it}就是操纵性应计DA_{it}。我们把上面求得的操纵性应计称为DA_PERF，对其取绝对值后得到ABS_DA_PERF。

由于相比于"向下"的盈余管理，审计师更加关注"向上"的盈余管理，因此，正的DA大小更可能反映了审计质量。与之相对应，我们用DA_JONES+、DA_PERF+代表审计质量。

此外，我们还使用是否出具了"过松"的审计意见来替代审计质量。为了判断项目负责人是否出具了"过松"的审计意见，我们首先估计出上市公司预期获得非标审计意见的概率OPN_PRED，估计模型借鉴了Lennox(2005)，具体模型如下：

$$OPN = a_0 ROA + a_1 QUICK + a_2 GROWTH + a_3 LEV + a_4 SIZE + \varepsilon$$

其中,OPN 表示公司是否获得非标审计意见,获得非标审计意见则为 1,否则为 0;ROA 是公司的总资产收益率;$QUICK$ 是速动比率;$GROWTH$ 是销售收入增长率;LEV 是负债率;$SIZE$ 是公司规模。由上述模型计算出 OPN_PRED 后,可得到 OPN_DIF。OPN_DIF 等于 OPN_PRED 减去 OPN,OPN_DIF 越大则表示项目负责人越可能出具了"过松"的审计意见。

2.2 项目负责人更换($AUDCH$)

项目负责人更换的衡量方式:如果本期出现的项目负责人与上期的项目负责人不同,则发生了项目负责人变更。

由于一般有两位项目负责人,因此 $AUDCH$ 的取值为 0,1,2,分别代表没有发生项目负责人变更、一位项目负责人变更和两位项目负责人都变更。

对会计师事务所变更的处理:由于事务所变更必然导致项目负责人变更(少数带着客户"跳槽"的情况除外),但这种"强制性"项目负责人变更与本书研究的事务所对项目负责人更换的含义不同,为此,我们在衡量 $AUDCH$ 时剔除掉这些样本。

对于签字会计师未披露的处理:由于一些上市公司审计报告中没有披露签字会计师信息,为了控制这一因素对 $AUDCH$ 衡量的影响,我们要求本期和上期的两位签字会计师都必须披露,否则定义 $AUDCH$ 为缺失。

此外,我们还定义了 0/1 虚拟变量形式的项目负责人变更 $AUDCHDUM$,如果项目负责人变更则取值为 1,如果没有项目负责人发生变更则取值为 0。

2.3 执业经验(EXP)

我们按照吴溪(2009)以两种方式计量签字会计师的执业经验:

第一种方式 $EXP1$,以注册会计师最早签署上市公司年报的年份为计量起点,以后每增加一年,执业经验增加 1 个单位。用公式表示如下:

$EXP1$=当前年份-注册会计师最早签署上市公司年报的年份

第二种方式,同样以注册会计师最早签署上市公司年报的年份为计量起点,但不再假定每年的权数都为 1,而是以每年注册会计师签署的年报份数为权数,进行加权求和。

$EXP2$＝当前年份之前注册会计师 i 签署过的所有上市公司年报总数

$$EXP2_{it} = \sum_{j=t_0}^{t-1} 1 \times w_j$$

$EXP2_{it}$ 表示用第二种方法衡量的第 t 年注册会计师 i 拥有的执业经验；

t_0 表示注册会计师 i 最早签署上市公司年报的年份；

w_j 表示序数变量，注册会计师 i 在第 j 年签署的年报份数。

两种方式各有优劣：第一种方式符合实务中以从业年限描述从业人员经验的做法，但相对简单化，其不足之处在于无法反映注册会计师在某一年负责项目数量上的差异。第二种方式弥补了这方面的缺陷，但是受到签字会计师信息缺失的影响（吴溪，2009）。

由于上市公司审计报告要求有两名注册会计师签字，因此针对每一公司—年度样本，都存在如何确定公司—年度的执业经验问题。我们采用如下两种方式：第一，取两名签字会计师中执业经验较高者；第二，取两名签字会计师中执业经验较低者。前面已经说明执业经验变量的衡量有两种方式，因此公司—年度的执业经验就有 4（2×2）种衡量方式，分别表示为 $EXP1MAX$、$EXP1MIN$、$EXP2MAX$、$EXP2MIN$。其中，$EXP1MAX$ 就表示以第一种方法（执业年限）衡量执业经验，并取两名签字会计师中执业经验较高者为公司—年度的执业经验；$EXP2MAX$ 表示以第二种方法（执业项目累计）衡量执业经验，并取两名签字会计师中执业经验较高者为公司—年度的执业经验；

2.4 项目负责人—客户关系（$RELATION$）

由于项目负责人—客户的关系很难衡量，一方面我们无法从公开数据获知项目负责人与客户之间的关系，另一方面从"私下"或"传闻"中获知的项目负责人与客户关系又无法得到验证，因此，本书不直接对项目负责人—客户关系进行衡量，而是采用两种间接的方法。

首先采用项目负责人"跳槽"之后客户是否跟随项目负责人来测度项目负责人与客户之间的关系。我们的推定是：如果项目负责人"跳槽"之后客户也同时跟随项目负责人更换事务所，那么项目负责人与客户之间的关系则较强；如果项目负责人"跳槽"之后客户没有跟随项目负责人更换事务所，那么项目负责人与客户之间的关系则较弱；我们用 $RELATION1$ 代表这种方式衡量的项目负责人—客户关系,1代表项目负责人与客户之间的关系较强,0则代表项目负责人与客户之间的关系较弱。

其次,我们用到上年项目负责人的审计任期代表项目负责人与客户之间的关系,任期越长代表项目负责人与客户之间的关系越紧密,任期越短则代表项目负责人与客户之间的关系越不紧密。我们用RELATION2代表这种方式衡量的项目负责人—客户关系,为0/1虚拟变量,RELATION2为连续变量,RELATION2越大则表示项目负责人与客户之间的关系较强,越小则代表项目负责人与客户之间的关系较弱。

2.5 项目负责人跳槽(JUMP)

我们根据收集和整理的注册会计师年检库来判断项目负责人是否"跳槽"[①]。具体情况如下:如果签字会计师在下一年的原事务中或者其继承所中出现,那么断定签字会计师没有跳槽。如果签字会计师没有在下一年的原事务中或者其继承所中出现:那么可以分为以下几种情况:①没有在任何事务所中出现,出现这种情况的原因可能是签字会计师受处罚、转为非执业会员或者退出行业;②出现在另一家事务所中,那么可以断定签字会计师跳槽到那家事务所;③出现在其他几家事务所中,这种情况可能是由于同名原因引起。在这一情况下,我们根据前一年的信息来判断"跳槽"到哪家事务所,即在这几家事务所中如果有一家事务所的签字会计师名字只在今年出现,前一年没有出现,则很可能说明是跳到了这家事务所中;④出现在协会代管或者其他中。

2.6 客户重要性(CI)

客户对事务所的重要性程度,我们采用CI1客户的总资产占该事务所所有客户总资产的比重来表示(Chen, Sun and Wu 2010)。比重越高,则说明客户对事务所越重要,比重越低,则说明客户的重要性程度越低。在稳健性检验中,我们测试了另外两种客户重要性衡量方式:CI2客户的审计收费占事务所所有客户审计收费的比重(Craswell, Stokes and Laughton 2002)、CI3客户的销售收

[①] 由于各地方注协的注册会计师年检的对象通常是每年年底的注册会员,而年报通常在每年的3/4月份公布,因此如果会计师在这期间跳槽,那么就会造成衡量误差。我们通过观察下一年的情况来克服这种误差。

入占事务所所有客户销售收入的比重。

2.7 其他变量

OPN：哑变量，代表是否获得非标审计意见。与文献相一致（DeFond, Wong and Li 1999；Chen, Shimin and Su 2001），我们把带事项段的无保留意见、保留意见、否定意见、无法表示意见定义为非标审计意见。如果上市公司获得非标审计意见，则 OPN 取值为 1，否则取值为 0。同理，OPNLAG 代表上市公司在上一年是否获得非标审计意见。

TEN5：哑变量，代表签字注册会计师的任期是否到达 5 年强制轮换的要求。财政部、证监会 2003 年《关于证券期货审计业务签字注册会计师定期轮换的规定》的通知规定："签字注册会计师连续为某一相关机构提供审计服务，不得超过 5 年"。由于达到 5 年任期的签字会计师必须轮换，因此我们设立 TEN5 变量，TEN5 等于 1 如果 2003 年后审计任期达到了 5 年，否则 TEN5 等于 0。

AUDCOMPET：刻画的是事务所内部竞争成为项目负责人的激烈程度。我们用事务所上期的签字会计师人数除以事务所上期的上市公司客户数表示，如果事务所上期的签字会计师人数除以客户数的比例越高，则内部竞争越激烈。反之，如果事务所上期的签字会计师人数除以客户数的比例越低，则内部竞争越不激烈。其他变量定义见表 4-1。

表 4-1　变量定义

变量		解释
ADTCH		为虚拟变量，代表是否发生事务所变更。如果事务所发生合并以及更名，则不归为事务所变更
ADTTEN		代表事务所的审计任期
AGE		代表公司的上市年限
AQ	DA_JONES	JONES 模型计算的操纵性应计
AQ	DA_PERF	依据 kothari 等（2005），使用业绩调整的操纵性应计
AQ	ABS_DA_JONES	对 DA_JONES 取绝对值
AQ	ABS_DA_PERF	对 DA_PERF 取绝对值
AQ	OPN_DIF	代表是否出具了过松的审计意见，等于预期的 OPN 减去实际的 OPN，值越大表示越可能出具了过松的审计意见
ARINV		等于（应收账款＋存货）/总资产

(续表)

变量		解　　释
AUDCH		代表项目负责人变更,取值为0,1,2,分别代表分别代表没有发生项目负责人变更、一位项目负责人变更和两位项目负责人都变更
AUDCHDUM		代表项目负责人变更,为0/1虚拟变量,分别代表没有发生项目负责人变更、发生了项目负责人变更
AUDCOMPET		代表事务所内部竞争成为项目负责人的激烈程度。我们用事务所上期的签字会计师人数除以事务所上期的上市公司客户数表示
BIG4		代表国际四大
BIG6		代表国内六大。国内六大的衡量是以所审计客户的销售收入为标准
BIG		代表国际四大＋国内六大
CI	CI1	表示客户重要性,用客户的总资产占该事务所所有客户总资产的比重来表示
CI	CI2	表示客户重要性,用客户的审计收费占事务所所有客户审计收费的比重
CI	CI3	表示客户重要性,用客户的销售收入占事务所所有客户销售收入的比重
EXP	EXP1MAX	表示签字会计师的执业经验,以执业年限衡量执业经验,并取两名签字会计师中执业经验较高者为公司一年度的执业经验
EXP	EXP1MIN	表示签字会计师的执业经验,以执业年限衡量执业经验,并取两名签字会计师中执业经验较低者为公司一年度的执业经验
EXP	EXP2MAX	表示签字会计师的执业经验,以执业累计项目数衡量执业经验,并取两名签字会计师中执业经验较高者为公司一年度的执业经验
EXP	EXP2MIN	表示签字会计师的执业经验,以执业累计项目数衡量执业经验,并取两名签字会计师中执业经验较低者为公司一年度的执业经验
GROWTH		代表公司的成长性,等于营业收入的增长率
ISSUE		代表公司是否在当年有增发或配股的融资事项。如果有则取1,否则取0
LEV		是公司的负债率
LOSS		虚拟变量,如果公司当年发生亏损则取1,否则为0

(续表)

变量		解 释
MGTCH		哑变量,用来表示上市公司的董事长或总经理是否发生变更。如果其中任意一个发生变更,则取值为1,否则为0
NEWCLT		哑变量,如果为事务所的新承接客户则为1,否则为0
OCF		是营业活动现金流量除以总资产
OPN		代表是否获得非标审计意见,我们把带事项段的无保留意见、保留意见、否定意见、无法表示意见定义为非标审计意见
QUICK		代表公司的速动比率
RECT		代表应收账款周转率
RELATION	RELATION1	代表项目负责人—客户关系。如果项目负责人"跳槽"之后客户也同时跟随项目负责人更换事务所,那么RELATION1取值为1;如果项目负责人"跳槽"之后客户没有跟随项目负责人更换事务所,那么RELATION1取值为0
RELATION	RELATION2	用到上年止项目负责人的审计任期代表项目负责人与客户之间的关系,任期越长代表项目负责人与客户之间的关系越紧密,任期越短则代表项目负责人与客户之间的关系越不紧密
ROA		代表公司的盈利能力,等于总资产收益率
SIZE		代表公司规模,等于公司总资产取对数
TEN5		代表签字注册会计师的任期是否到达5年强制轮换的要求
ΔAQ	DA_JONESDEL	本期的 DA_JONES 减去上期的 DA_JONES
ΔAQ	DA_PERFDEL	本期的 DA_PERF 减去上期的 DA_PERF
ΔAQ	ABS_DA_PERFDEL	本期的 ABS_DA_PERF 减去上期的 ABS_DA_PERF
ΔAQ	ABS_DA_JONESDEL	本期的 ABS_DA_JONES 减去上期的 ABS_DA_JONES

3 回归模型

为了检验研究假说1:会计师事务所是否为高风险客户配置执业经验较丰富的项目负责人,我们参照吴溪(2009)建立如下回归模型:

$$EXP = \beta_0 + \beta_1 OPN + \beta_2 NEWCLT + \beta_3 LOSS + \beta_4 LEV + \beta_5 ARINV + \beta_7 SIZE + \sum_{i=1}^{n} ind_i + \sum_{i=1}^{n} year_i + \varepsilon \quad (4.1)$$

其中，因变量为 EXP 表示项目负责人的执业经验，根据前面的论述有 4 种衡量方式：$EXP1MAX$、$EXP1MIN$、$EXP2MAX$、$EXP2MIN$。主要测试变量为代表财务风险的 $LOSS$、LEV，代表审计风险的 OPN、$NEWCLT$。

如果事务所按照质量控制原则配置项目负责人，那么客户的风险越高，所配置的项目负责人的执业经验也越高。因此我们预期代表财务风险的 $LOSS$、LEV 的符号为正，预期代表审计风险的 OPN、$NEWLCLT$ 的符号为正。$ARINV$ 预期符号为正，因为客户的存货和应收账款比例较高时，需要一位执业能力更强和执业经验更丰富的项目负责人。$SIZE$ 预期符号为正，大客户可能需要更多的专有性投资（例如，需要对更多部门和子公司进行了解和沟通），此外大公司的审计业务一旦"出事"更可能引起诉讼风险，对事务所的声誉影响也更大，因此需要配置更有经验的项目负责人（O'Keefe，Simunic and Stein 1994；Palmrose 1986a，1986b）。

此外，我们建立如下模型以进一步考察假说 1：

$$\Delta EXP = \beta_0 + \beta_1 \Delta OPN + \beta_2 \Delta NEWCLT + \beta_3 \Delta LOSS + \beta_4 \Delta LEV + \beta_5 ARINV + \beta_7 SIZE + \sum_{i=1}^{n} ind_i + \sum_{i=1}^{n} year_i + \varepsilon \qquad (4.2)$$

模型 4.2 的目的是为了考察当客户风险增加时，会计师事务所会是否分派执业经验更丰富的项目负责人。模型中的变量与模型 4.1 相同，不过执业经验和风险变量都采用了变化值。按照事务所质量控制理论的预期，ΔOPN、$\Delta NEWCLT$、$\Delta LOSS$、ΔLEV 的系数应该显著为正。

为了检验研假说 2：会计师事务所是否更换审计质量较差的项目负责人，我们建立如下回归模型：

$$AUDCH = \beta_0 + \beta_1 AQ + \beta_2 BIG + \beta_3 AUDCOMPET + \beta_4 OPN + \beta_5 TEN5 + \beta_6 AGE + \beta_7 LEV + \beta_8 ROA + \beta_9 LOSS + \beta_{11} ARINV + \beta_{12} SIZE + \sum_{i=1}^{n} ind_i + \sum_{i=1}^{n} year_i + \varepsilon \qquad (4.3)$$

其中，因变量为 $AUDCH$，表示项目负责人是否发生变更。测试变量为 AQ，表示项目负责人的审计质量，我们用 3 种方式衡量项目负责人所负责项目的审计质量：可操纵性应计利润、可操纵性应计利润的变化以及是否出具"过松"审计意见来表示。如果事务所按照项目负责人的审计质量来更换项目负责人,那么 β_1 应该显著为正。

此外,我们还控制了 BIG 事务所的类型,事务所是大所还是小所;一般来讲,大所内的项目负责人更换比较频繁,因此我们预期 β_2 显著为正;AUDCOMPET 代表事务所内部项目负责人职位的竞争激烈程度,事务所内的竞争激烈程度越高,那么项目负责人越可能被更换掉,因此我们预期 β_3 显著为正;TEN5 表示项目负责人的任期是否达到 5 年强制轮换的要求,因此我们预期 β_5 显著为正。此外我们还控制了上一年的审计意见 OPN、公司上市期限 AGE、公司的负债率 LEV、公司的总资产收益率 ROA、公司是否发生亏损、应收账款和存货占总资产的比重 ARINV、公司规模 SIZE。除了这些变量以外,我们还在模型中加入了年度哑变量以控制年度固定效应,但为了简洁起见,我们未在实证分析结果中报告年度哑变量上的结果。

为了验证假说 3 项目负责人与客户之间的关系越强,项目负责人被更换的可能性越低。我们建立如下模型:

$$\begin{aligned}AUDCH &= \beta_0 + \beta_1 RELATION + \beta_2 BIG + \beta_3 AUDCOMPET + \beta_4 OPN + \\ & \beta_5 TEN5 + \beta_6 AGE + \beta_7 LEV + \beta_8 ROA + \beta_9 LOSS + \\ & \beta_{11} ARINV + \beta_{12} SIZE + \sum_{i=1}^{n} ind_i + \sum_{i=1}^{n} year_i + \varepsilon\end{aligned} \quad (4.4)$$

其中,因变量为 AUDCH,为序数变量,取值为 0/1/2,分别表示没有发生项目负责人变更、一个项目负责人变更和两个项目负责人变更。测试变量为 RELATION,表示项目负责人—客户之间的关系,我们用两种方式衡量项目负责人与客户之间的关系,第一种方式是项目负责人"跳槽"后,客户是否跟随项目负责人(RELATION1),第二种方式为项目负责人的审计任期(RELATION2)。假说 3 预期项目负责人与客户之间的关系越强,项目负责人被更换的可能性越低,因此 β_1 应该显著为负。

在其他控制变量上与模型 4.3 相同,BIG 表示事务所的类型;AUDCOMPET 表示事务所内部项目负责人职位的竞争激烈程度;TEN5 表示项目负责人的任期是否达到 5 年强制轮换的要求。此外我们还控制了上一年的审计意见 OPN、公司上市期限 AGE、公司的负债率 LEV、公司的总资产收益率 ROA、公司是否发生亏损、应收账款和存货占总资产的比重 ARINV、公司规模 SIZE。

为了检验假说4收到非标审计意见的公司,通过变更项目负责人,能够改善审计意见,我们建立如下回归模型:

$$OPN = \beta_0 + \beta_1 AUDCH + \beta_2 ROA + \beta_3 LEV + \beta_4 LOSS + \beta_5 AGE + \beta_6 SIZE +$$
$$\beta_7 ABS\_DA_{PERF} + \beta_8 BIG + \beta_9 TEN5 + \sum_{i=1}^{n} ind_i + \sum_{i=1}^{n} year_i + \varepsilon \quad (4.5)$$

其中,因变量为 OPN,为0/1虚拟变量,代表是否获得非标审计意见。主要测试变量为 $AUDCH$,为序数变量,取值为0/1/2,分别表没有发生项目负责人变更、一个项目负责人变更和两个项目负责人变更。如果在上述模型中 $AUDCH$ 的系数显著为负,则说明项目负责人更换能够显著地降低出具非标审计意见的概率,改善审计意见,那么假说4得到验证。

根据现有文献(DeFond et al. 1999;Chen et al. 2001;Wang et al. 2008),我们在模型中控制了如下变量:LEV(总负债除以总资产),$LOSS$(是否发生亏损),我们预期 LEV、$LOSS$ 的符号为正。ROA(净利润除以总资产),我们预期 ROA 的符号为负。AGE(公司的上市年限),我们预测 AGE 的符号为正。公司的规模 $SIZE$,我们预期 $SIZE$ 的符号为负。此外,因为中国上市公司存在盈余管理行为(Chen and Yuan 2004;Haw et al. 2005),并且注册会计师会对上市公司的盈余管理出具非标审计意见(Chen et al. 2001),因此我们加入 ABS_DA_PERF 到回归模型中,同时预期 ABS_DA_PERF 的符号为正。为了控制 $AUDCH$ 中因为强制轮换造成的项目负责人变更,我们在模型中加入 $TEN5$。回归模型中加入年度虚拟变量和行业虚拟变量,以控制年份和行业之间的差异。最后,需要说明的是由于本书的样本选择为前期被出具非标审计意见的上市公司,因此不需要在回归模型中控制上一期审计意见 $OPNLAG$。

第5章 项目负责人配置——会计师事务所质量控制视角

本章从事务所质量控制角度研究项目负责人配置。共分为两节,第1节从质量控制角度考察事务所对项目负责人的分派问题,具体地,我们研究事务所是否为高风险客户配置执业经验丰富的项目负责人。第2节从质量控制角度考察事务所对项目负责人的更换问题,具体地,我们研究事务所是否更换审计质量较差的项目负责人。

1 会计师事务所是否为高风险客户配置了执业经验较丰富的项目负责人?

1.1 样本选择和描述性统计

1.1.1 样本选择

本节的样本期间为1998年到2008年的所有A股上市公司。我们剔除了IPO公司和已经退市的公司。此外,我们剔除了模型4.1中变量缺失的样本。最后,为了减轻异常值对本书的影响,我们对所有续变量在1%和9%水平上进行了WINSORIZE的处理。

1.1.2 描述性统计

表5-1是关于项目负责人执业经验的描述性统计,表的左半部分是以累计年数衡量的项目负责人执业经验$EXP1$的描述性统计,表的右半部分是以累计项目数衡量的项目负责人执业经验$EXP2$的描述性统计。从左半部分可以看出,项目负责人执业累计年数为1的比例达到了39.6%,这说明平均来看有近40%的新项目负责人进入上市公司审计市场。执业累计年数为2的比例为

12%,执业累计年数为3的比例为9.7%,因此执业累计年数小于等于3年的比例为61.3%,这说明负责上市公司审计的项目负责人绝大多数的执业经验较少,具有丰富的项目负责人非常稀缺。从右半部分可以看出,累计项目数为1的项目负责人的比例为36.7%,累计项目数为2的比例为9.3%,累计项目数为3的比例为6.8%,累计项目数小于等于3的比例为52.8%,这与累计年数执业经验的证据相同,说明负责上市公司审计的项目负责人绝大多数的执业经验较少,具有丰富执业经验的项目负责人非常稀缺。其中累计项目数为1的比例与执业累计年数为1的比例不相等的原因是因为一些项目负责人第一次执业时就负责多个上市公司项目。上述统计分析表明,事务所拥有的丰富经验的项目负责人十分稀缺,因此按照质量控制假说,事务所就更应该利用好这些经验丰富的项目负责人,把他们安排到风险较大的项目中去。

表 5-1　1998—2008 年项目负责人执业经验的描述性统计

项目负责人执业经验 $EXP1$(累计年数)			项目负责人执业经验 $EXP2$(累计项目数)		
EXP1	FREQ	PERCENT_CUM	EXP2	FREQ	PERCENT_CUM
1	1 835	39.6	1	1 505	36.7
2	1 439	51.6	2	1 109	46
3	1 157	61.3	3	811	52.8
4	991	69.6	4	654	58.3
5	785	76.2	5	515	62.6
6	681	81.9	6	450	66.4
7	586	86.8	7	384	69.6
8	466	90.7	8	352	72.6
9	346	93.7	9	300	75.1
10	274	95.9	10	284	77.5
>10	483	100	11	223	79.3
			12	198	81
			13	191	82.6
			14	148	83.8
			15	157	85.2
			≥16	1 770	100
总计	11 924	100%	总计	11 924	100%

1.1.3 相关性分析

表 5-2 是主要变量的相关性分析,从中可见,项目负责人执业经验($EXP1MAX$,$EXP1MIN$,$EXP2MAX$,$EXP1MIN$)与 $NEWCLT$ 之间存在显著地负相关,表明新承接客户的项目负责人的执业经验往往较低,这与事务所质量控制理论不符。LEV 与取最大者衡量的项目负责人执业经验之间存在显著正相关。但与取最小者衡量的项目负责人执业经验之间不存在明确地相关关系。除此之外,$ARINV$、$LOSS$、OPN 都与项目负责人执业经验之间存在显著负相关,这说明事务所没有为高风险的客户配置执业经验较高的项目负责人。因此,从以上的结果来看,项目负责人执业经验与客户风险之间不存在正相关关系,反而存在显著的负相关关系。这与事务所质量控制假说不符。由于相关系分析没有控制其他变量的影响,因此我们在后面的分析中将进一步检验项目负责人执业经验与客户风险之间的关系。

表 5-2 主要变量的相关性分析

		(1)	(2)	(3)	(4)	(5)	(6)	(7)	(8)	(9)
(1)	$EXP1MAX$	1.00								
(2)	$EXP1MIN$	0.47	1.00							
(3)	$EXP2MAX$	0.66	0.35	1.00						
(4)	$EXP2MIN$	0.31	0.73	0.40	1.00					
(5)	$NEWCLT$	−0.12	−0.12	−0.10	−0.10	1.00				
(6)	$SIZE$	0.15	0.07	0.08	0.03	−0.04	1.00			
(7)	LEV	0.04	0.01	0.03	−0.00	0.05	0.16	1.00		
(8)	$ARINV$	−0.11	−0.04	−0.05	0.00	0.01	−0.09	0.23	1.00	
(9)	$LOSS$	−0.02	−0.03	−0.02	−0.03	0.06	−0.17	0.27	0.00	1.00
(10)	OPN	−0.08	−0.04	−0.05	−0.03	0.09	−0.19	0.27	0.05	0.38

注:变量定义见表 4-1;黑体表示显著相关。

1.1.4 单变量分析

表 5-3 是项目负责人的单变量分析,从中可以看出,新承接客户($NEWCLT$)

的项目负责人的执业经验显著地小于连续客户,这一结论无论使用何种执业经验的衡量指标都仍然成立。对于亏损公司(LOSS),在项目负责人执业经验的四种衡量方式下也都显著小于非亏损公司,对于受到非标意见的公司(OPN),其项目负责人的执业经验也显著小于收到清洁审计意见的公司。因此,从单变量分析的结果看,与相关性系数分析结论相同,事务所没有为风险较高的客户配置执业经验丰富的项目负责人,相反,反而配置了执业经验较少的项目负责人。

表 5-3 项目负责人执业经验的单变量分析

	NEWCLT		差异	LOSS		差异	OPN		差异
	1	0		1	0		1	0	
EXP1MAX	5.03	6.36	12.84***	6.01	6.26	2.67***	5.43	6.32	8.99***
EXP1MIN	1.54	2.47	12.92***	2.2	2.41	3.21***	2.08	2.42	4.82***
EXP2MAX	5.79	22.75	10.92***	20.92	22.22	2.27***	19.22	22.40	5.19***
EXP2MIN	3.08	5.41	10.36***	4.66	5.25	2.93***	4.64	5.24	2.79***

注:变量定义见表 4-1;*、**、*** 分别表示双尾检验的显著性水平为 10%、5% 和 1%。

1.2 多元回归结果及解释

表 5-4 报告了项目负责人执业经验配置与客户风险之间的检验结果,在表中第 1 列,我们使用 EXP1MAX 衡量项目负责人的执业经验,从中可见,代表客户风险的变量 LOSS、LEV、NEWCLT 的系数显著为负,OPN 的系数没有显著关系,这说明事务所并没有按照质量控制的原则配置项目负责人,没有为风险较高的客户配置执业经验丰富的项目负责人。在第 2 列中,我们使用 EXP1MIN 衡量项目负责人的执业经验,从中可见,除了 LEV 的系数有显著变成不显著外,其他变量与第 1 列相同。在第 3 列和第 4 列中,我们分别使用 EXP2MAX、EXP2MIN 衡量项目负责人的执业经验,除了 LEV 的系数符合质量控制假说外,其他客户风险变量都不符合质量控制假说的预测。因此,综合表中的结果可以说明,事务所并没有按质量控制原则配置项目负责人的执业经验,相反,从 LOSS、NEWCLT 的结果还表明对于较高的风险的审计项目,事务所为其配置的项目负责人的执业经验却更低。

表 5-4 项目负责人执业经验配置与客户风险

变量	预期	(1) EXP1MAX	(2) EXP1MIN	(3) EXP2MAX	(4) EXP2MIN
LOSS	+	−0.032** [−2.494]	−0.076*** [−3.625]	−0.061*** [−8.916]	−0.085*** [−5.962]
LEV	+	−0.104*** [−4.275]	−0.024 [−0.620]	0.023* [1.753]	0.130*** [4.826]
OPN	+	0.008 [0.550]	0.013 [0.559]	−0.016** [−2.027]	−0.036** [−2.302]
NEWCLT	+	−0.212*** [−15.27]	−0.449*** [−18.09]	−0.342*** [−44.02]	−0.554*** [−31.76]
ARINV	+	−0.025 [−0.947]	0.011 [0.261]	−0.104*** [−7.346]	0.03 [1.037]
SIZE	?	0.031*** [6.843]	0.037*** [5.033]	0.027*** [11.34]	0.041*** [8.249]
截距项	?	0.537*** [5.388]	−0.475*** [−2.940]	1.722*** [32.34]	0.447*** [4.081]
样本量		11 438	11 438	11 438	11 438
虚拟拟合优度		0.089	0.030	0.082	0.022

注:因变量为项目负责人执业经验,其他变量定义见表 4-1。括号内为 T 值;*、**、*** 分别表示双尾检验的显著性水平为 10%、5% 和 1%。

表 5-5 报告了当客户风险增加时,事务所如何配置项目负责人执业经验的检验结果,在表中第 1 列,我们使用 $\Delta EXP1MAX$ 衡量项目负责人的执业经验的变化,从中可见,代表客户风险增加的变量 $\Delta LOSS$、ΔLEV、ΔOPN 的系数没有显著关系,而 $\Delta NEWCLT$ 的系数显著为负,这说明当客户风险增加时,事务所为其配置的项目负责人的执业经验并没有显著增加。在第 2 列中,我们使用 $\Delta EXP1MIN$ 衡量项目负责人的执业经验,从中可见,除了 $\Delta LOSS$ 的系数变成显著为负外,其他变量与第 1 列相同。在第 3 列和第 4 列中,我们分别使用 $EXP2MAX$、$EXP2MIN$ 衡量项目负责人的执业经验,结果与第 1、第 2 列相同。因此,综合表中的结果可以说明,当客户风险增加时,事务所并没有从项目负责人执业经验的角度控制客户风险,这与事务所质量控制原则不符。

表 5-5　项目负责人执业经验配置与客户风险增加

变量	预期	(1) ΔEXP1MAX	(2) ΔEXP1MIN	(3) ΔEXP2MAX	(4) ΔEXP2MIN
ΔLOSS	+	−0.034 [−0.533]	−0.158*** [−2.717]	−0.443 [−1.135]	−0.417** [−2.245]
ΔLEV	+	−0.027 [−0.934]	0.033 [1.272]	−0.116 [−0.659]	0.056 [0.672]
ΔOPN	+	−0.100 [−1.230]	0.096 [1.281]	0.158 [0.315]	0.072 [0.301]
ΔNEWCLT	+	−0.701*** [−11.77]	−0.620*** [−11.39]	−3.508*** [−9.620]	−1.741*** [−10.04]
ARINV	+	−0.008 [−0.0488]	0.134 [0.883]	−0.138 [−0.136]	0.320 [0.661]
SIZE	?	−0.003 [−0.120]	−0.016 [−0.601]	−0.025 [−0.143]	−0.049 [−0.590]
截距项	?	0.795 [1.277]	0.660 [1.159]	3.826 [1.003]	2.703 [1.489]
样本量		10 804	10 804	10 804	10 804
虚拟拟合优度		0.018	0.027	0.016	0.023

注：因变量为项目负责人执业经验的变化。括号内为 T 值；*、**、*** 分别表示双尾检验的显著性水平为 10%、5% 和 1%。

1.3　进一步分析

上述检验结果表明，会计师事务所并没有根据质量控制的原则为风险较高的客户配置执业经验较丰富的项目负责人。那么下面关心的问题是：规模较大的会计师事务所是否比规模较小的会计师事务所在项目负责人执业经验的配置上更加符合质量控制的要求。由于规模较大的事务所一旦出现审计失败，将会损失更多的准租（DeAngelo 1981b），因此规模较大的事务所更有动机进行质量控制以保证审计质量，相应地，也更可能为风险客户配置执业经验较丰富的项目负责。

在检验方法上，本书采用交叉项的方法。我们把模型 4.1 中的每个风险变量都与 BIG 交乘，即 OPN_BIG、NEWCLT_BIG、LOSS_BIG、LEV_BIG、ARINV_BIG。我们预期这些交乘项的符号都为正。

表 5-6 列示了事务所规模对项目负责人执业经验配置与客户风险之间关系的影响,从中可见,BIG 显著为正,说明规模较大的事务所拥有很多的执业经验丰富的项目负责人。OPN_BIG 的符号为正,且对 EXP2MAX 的正向作用在 0.01 水平下显著,说明规模较大的事务所相比于规模较小的事务所,更可能为出具非标审计意见的客户配置执业经验较丰富的项目负责人。NEWCLT_BIG 显著为正且在 1% 水平下显著,说明相比于规模较小的事务所,大规模事务所更可能为新承接客户配置执业经验较丰富的项目负责人。LOSS_BIG 和 LEV_BIG 的系数不显著或者符号不符合预期,说明在规模较大的事务所没有对这两方面的风险作出反应。最后,ARINV_BIG 显著为正,说明相对于规模较小的事务所,规模较大的事务所为应收账款和存货比重较高的客户配置了执业经验较丰富的项目负责人。所以总体上来看,规模较大的事务所在项目负责人执业经验的配置上比规模较小的事务所更加符合质量控制的要求。

表 5-6　项目负责人执业经验配置与客户风险——事务所规模的影响

变量	(1) EXP1MAX	(2) EXP1MIN	(3) EXP2MAX	(4) EXP2MIN
BIG	0.076*** [3.016]	−0.008 [−0.198]	0.201*** [15.45]	0.106*** [3.815]
OPN	−0.006 [−0.373]	0.000 [−0.005]	−0.063*** [−6.961]	−0.052*** [−2.937]
OPN_BIG	0.048 [1.464]	0.05 [0.911]	0.143*** [8.737]	0.033 [0.954]
NEWCLT	−0.253*** [−15.23]	−0.521*** [−17.66]	−0.483*** [−48.51]	−0.707*** [−32.52]
NEWCLT_BIG	0.147*** [4.882]	0.267*** [4.901]	0.422*** [26.55]	0.505*** [13.91]
LOSS	−0.018 [−1.251]	−0.079*** [−3.371]	−0.045*** [−5.686]	−0.084*** [−5.169]
LOSS_BIG	−0.037 [−1.247]	0.038 [0.757]	0.002 [0.102]	0.045 [1.351]
LEV	−0.080*** [−2.861]	0.040 [0.901]	0.080*** [5.296]	0.293*** [9.484]
LEV_BIG	−0.023 [−0.455]	−0.292*** [−3.514]	−0.022 [−0.855]	−0.593*** [−10.76]

(续表)

变量	(1) EXP1MAX	(2) EXP1MIN	(3) EXP2MAX	(4) EXP2MIN
ARINV	−0.083*** [−2.744]	−0.094* [−1.955]	−0.230*** [−13.96]	−0.226*** [−6.834]
ARINV_BIG	0.206*** [4.132]	0.400*** [4.844]	0.384*** [15.09]	0.932*** [17.32]
SIZE	0.015*** [3.191]	0.042*** [5.473]	−0.016*** [−6.521]	0.033*** [6.298]
截距项	0.864*** [8.414]	−0.564*** [−3.391]	2.604*** [47.59]	0.619*** [5.497]
样本量	11 438	11 438	11 438	11 438
虚拟拟合优度	0.093 4	0.030 7	0.111	0.028 7

注：因变量为项目负责人执业经验，其他变量定义见表4-1。括号内为T值；*、**、***分别表示双尾检验的显著性水平为10%、5%和1%。

1.4 小结

综上所述，会计师事务所并没有按照质量控制原则配置项目负责人，表现为风险较高的客户并没有配置执业经验较高的项目负责人、当客户风险增加时，会计师事务所也没有为其配置执业经验更高的项目负责人。相反，经验证据还显示，某些风险特征较高客户的项目负责人的执业经验还显著地更低。但是规模较大的事务所在项目负责人的配置上更符合质量控制要求。相比于规模较小的事务所，规模较大的事务所更可能为风险较高的客户配置执业经验较丰富的项目负责人。

2 会计师事务所是否更换审计质量较差的项目负责人？

2.1 样本选择和描述性统计

2.1.1 样本选择

本节的样本期间为1998—2008年的所有A股上市公司。我们剔除了IPO

公司和已经退市的公司。此外,我们剔除了模型4.3中变量缺失的样本。最后,为了减轻异常值对本书的影响,我们对所有续变量在1%和99%水平上进行了WINSORIZE的处理。

2.1.2 描述性统计

表5-7是对项目负责人变更按事务所发生事件的描述性统计,从中可以看出,发生股改和合并的事务所中,出现项目负责人变更的比率更大,而且主要是体现在两个项目负责人都发生变更的情况。在事务所发生分立的情况中,由于样本量太少只有23个,不具有代表性。此外从描述性统计中可以看出,即使在事务所未发生任何特殊事件的情况下,出现一个项目负责人变更的比例依然达到了45.71%,这说明负责上市公司审计的审计项目负责人更换比较频繁。

表5-7 项目负责人变更——按事务所发生事件分类

事务所发生的事件	Audch			总计
	0	1	2	
未发生特殊事	3 588 42.28%	3 828 45.10%	1 071 12.62%	8 487 100%
发生股改	129 37.50%	163 47.38%	52 15.12%	344 100%
发生合并	366 38.49%	445 46.79%	140 14.72%	951 100%
发生分立	12 52.17%	8 34.78%	3 13.04%	23 100%

表5-8是项目负责人变更分年度描述性统计,从中可见,1998—2008年期间,项目负责人变更在各年份间基本保持稳定、波动不大。最低年份为2002年的46.65%,最高年份为1999年的66.32%。由于在2003年末出台了签字会计师轮换政策(中国证监会和财政部2003),这一政策对项目负责人的变更产生了显著的影响,在2003有一位项目负责人变更的比例上升了3.01%,到2004年有一位项目负责人发生变更的比例上升了10.66%,两位项目负责人变更的比例上升了6.24%。PANEL B进一步证实了这一点,2003—2008年期间项目负责人变更的比例显著高于1998—2002年期间项目负责人变更的比例,而且从表中可以发现这一差异主要是由两位项目负责人都发生变更的样本引起的。

表 5-8　项目负责人变更分年度描述性统计

PANEL A

Year	Audch 0	%	1	%	2	%	1+2	%	总计
1998	186	36.69	243	47.93	78	15.38	321	63.31	507
1999	193	33.68	307	53.58	73	12.74	380	66.32	573
2000	281	43.7	290	45.1	72	11.2	362	56.3	643
2001	268	38.9	324	47.02	97	14.08	421	61.1	689
2002	470	53.35	320	36.32	91	10.33	411	46.65	881
2003	496	51.13	391	40.31	83	8.56	474	48.87	970
2004	346	34.67	494	49.5	158	15.83	652	65.33	998
2005	411	39.29	502	47.99	133	12.72	635	60.71	1 046
2006	401	37.1	504	46.62	176	16.28	680	62.9	1 081
2007	475	41.85	498	43.88	162	14.27	660	58.15	1 135
2008	568	44.31	571	44.54	143	11.15	714	55.69	1 282
总计	4 095		4 444		1 266		5 710		9 805

PANEL B	1998年—2002年		2003年—2008年		
Audch	Freq	Cum_%	Freq	Cum_%	总计
0	1 350	45.7	2 534	40.71	3 884
1	1 291	89.4	2 866	86.75	4 157
2	313	100	825	100	1 138

表 5-9 是不同大小类型的事务所在项目负责人变更之间的比较,PANEL A 列示的是国际四大会计师事务所与小规模事务所之间的比较,从表中可见,与规模较小的事务所相比,国际四大会计师事务所总体上更加倾向于变更项目负责人。进一步考察发现这个差异主要是体现在两位项目负责人都变更的比例上。在一位项目负责人变更的情形上,两者没有很大差异,但在两位项目负责人变更上,国际四大的比例为 17.11%,而规模较小的事务所则为 12.53%,未列示的 χ^2 统计检验表明两者在 0.01 水平上显著。国际四大更换项目负责人更加频繁,这可能是因为四大的合伙人认为审计结果是整个审计团队共同审计的结果,因此,不应该单独由项目负责人来承担责任,四大事务所合伙人是轮流在审计报告上签字。PANEL B 列示的是国内大规模事务所与小规模事务所之间的比较,从

表中可见,与规模较小的事务所相比,国内大所在两位项目负责人变更的比例上与小所不相上下,但在一位项目负责人变更的比例上显著高于小所,大所的变更比例为48.13%而小所的变更比例为44.55%。因此,表5-9的结果说明大规模事务所在项目负责人的变更上显著高于小规模事务所。

表5-9 项目负责人变更——按会计师事务所大小分类

PANEL A	BIG4				
AUDCH	0		1		总计
	FREQ	PERCENT	FREQ	PERCENT	
0	3 085	42.92	239	37.52	3 324
1	3 202	44.55	289	45.37	3 491
2	901	12.53	109	17.11	1 010
PANEL B	BIG6				
AUDCH	0		1		总计
	FREQ	PERCENT	FREQ	PERCENT	
0	3 085	42.92	773	39.04	3 858
1	3 202	44.55	953	48.13	4 155
2	901	12.53	254	12.83	1 155
总计	7 297	100	1 882	100	9 179

注:变量定义见表4-1。

从前面的描述性统计中可以发现项目负责人频繁发生更换,是什么原因导致了其更换呢?由于会计师行业存在较高的流动性,是否是因为项目负责人频繁的"跳槽"引起项目负责人变更呢?为此,我们根据2009/2010注册会计师任职资格年检的报告整理出2008年项目负责人的"跳槽"情况。

表5-10描述了2008年项目负责人跳槽的情况,从表中的PANEL A可见,跳槽的项目负责人有97名,占总项目负责人数的比例为5%左右,其中跳槽并且知道跳到哪里的项目负责人有57名,占2008年总的项目负责人数的比例为3.25%,在年检名单中没有出现的项目负责人(比如:离开注册会计师行业或退休或转非执业注册会计师)有26名,占的比例为1.52%,待转所或者协会代管的有7名,占的比例为0.41%。这说明虽然会计师行业存在较高的人员流动,但主要是发生在低级别的事务所从业人员上,项目负责人属于事务所的重要人

力资源,因此事务所会尽量"挽留"这些项目负责人,项目负责人真正发生"跳槽"的并不多。PANEL B 描述了"跳槽"项目负责人的事务所分布情况,从中可见,跳槽并且知道跳到哪里的签字会计师有 42% 来自两家事务所,其中北京五联方圆有 11 名,深圳南方民和有 13 名。但两者皆发生了特殊事件①,因此如果剔除这两家事务所的影响,那么项目负责人跳槽的情况会更少。

综上所述,项目负责人发生"跳槽"的情况非常少,表 5-8 所描述的项目负责人频繁的变更不可能是由项目负责人"跳槽"引起。

表 5-10 项目负责人"跳槽"的描述性统计分析

PANEL A

	跳槽		
	跳槽并且知道跳到哪里的签字会计师	在年检名单中没有出现(比如:离开行业或退休或转非执业)	待转所或协会代管②
JUMP	57	26	7
2008年总的签字会计师人数	1 700	1 700	1 700
比例	3.353%	1.529%	0.412%

PANEL B 跳槽签字会计师的所在事务所分布

	跳槽			总计
	跳槽并且知道跳到哪里的签字会计师	在年检名单中没有出现	待转所或协会代管	
安永华明	2	2	0	4
北京大公天华	1	1	0	2
北京五联方圆	11	1	3	15
毕马威华振	1	0	0	1
大信	0	1	0	1
福建立信闽都	1	0	0	1

---

① 2009 年深圳南方民和与中审国际合并形成新的中审国际,因此,在 2008 年是很多深圳南方民和的项目负责人就已经提前"跳槽"到中审国际。2009 年 9 月,北京五联方圆会计师事务所、万隆亚洲会计师事务所、中磊本部部分人员和安徽、江苏、福建、广东佛山分所签订合并协议,五联方圆存续,万隆亚洲依法注销,中磊总部部分人员和安徽、江苏、福建、广东佛山分所整体并入,完成实质合并,合并后的名称为"国富浩华会计师事务所有限公司"。

② 汤云为在年检资料出现的最后一年就是在协会代管中。

(续表)

	跳槽			总计
	跳槽并且知道跳到哪里的签字会计师	在年检名单中没有出现	待转所或协会代管	
广东大华德律	0	1	1	2
华普天健高商	0	1	1	2
江苏公证天业	1	0	1	2
开元信德	1	1	0	2
利安达	3	0	0	3
立信	1	5	0	6
上海东华	1	0	0	1
上海众华沪银	1	0	0	1
深圳南方民和	13	0	0	13
深圳市鹏城	0	1	0	1
四川君和	3	0	0	3
天健光华	1	3	0	4
万隆亚洲	0	2	0	2
武汉众环	0	1	0	1
信永中和	0	1	0	1
亚太(集团)	0	1	0	1
浙江天健东方	1	0	0	1
中和正信	1	0	0	1
中磊	6	1	1	8
中瑞岳华	3	2	0	5
中审亚太	1	0	0	1
中准	3	0	0	3
重庆天健	1	1	0	2
总计	57	26	7	90

2.1.3 来自中国证监会(CSRC)惩戒的证据

本部分根据中国证监会对会计师事务所的行政处罚公告,判断对于被CSRC调查出存在审计失败的项目,事务所质量控制体系是否能够及时发现并更换项目负责人?由于被中国证监会检查出的审计失败年份与处罚公布年份之间一般存在相当长的时间,因此,这些项目负责人并不必然被更换。图5-1列示了这几个时点之间的关系。

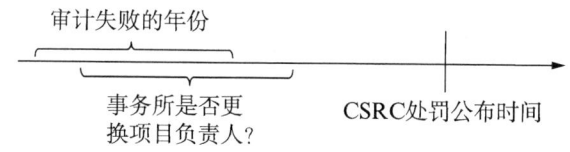

图 5-1 时间轴

我们收集和整理了中国证监会直接对会计师事务所或者签字会计师进行处罚的情况,样本期间为2003—2008年。表5-11列示的是中国证监会处罚与项目负责人更换之间的关系,从中可见,除了一些公司在审计失败年份之后立刻更换事务所导致无法判断外,从现有结果看,事务所在审计失败的次年并没有及时更换项目负责人,在10例案例中有8例没有及时更换,占到80%。尤其是对于出现连续审计失败的情形,项目负责人没有及时更换的情形显得更加严重。

这些例子说明,事务所出现审计失败往往伴随着质量控制措施的失效。这些事务所在在项目负责人更换上并没有遵从质量控制的要求。

表 5-11 中国证监会处罚与项目负责人更换

证监罚字	上市公司名称	会计师事务所	CSRC查处的审计质量有问题的年份	次年有没有更换项目负责人	结论
2003-19号	重庆渝开	重庆天健	1999	2000年没有换人	没有及时更换项目负责人
2003-30号	重庆长江水运	三嘉信达(原珠海嘉信达)	1998/1999/2000	2001年换了1个	上市审计
2003-32号	无锡小天鹅	无锡公证	1999	2000年没有换人	没有及时更换项目负责人
2003-34号	中炬高新	广东康元	2000	2001年换所	无法判断
2003-35号	中炬高新	广东正中	1999/2000.6	2000年换所,但没有换人	无法判断
2004-29号	中川国际	四川华信(集团)	1999	2000年换了2个	及时更换项目负责人
2004-46号	数码测绘	上海东华	2001	2002年1个没有换,2个换了	及时更换项目负责人

(续表)

证监罚字	上市公司名称	会计师事务所	CSRC查处的审计质量有问题的年份	次年有没有更换项目负责人	结论
2004-44号	丰乐种业	华证	2001	2002年没有换人	没有及时更换项目负责人
2004-33号	白银铜城	五联联合	2000/2001	2001年换了1个	(半)及时更换项目负责人
2005-15号	四川天歌	中勤万信	2001/2002	2002年没有换人	没有及时更换项目负责人
2005-11号	西安达尔曼	西安希格玛	2002	2003年没有换人	没有及时更换项目负责人
2005-27号	湖南天一	天职孜信	2003	2004年没有披露签字会计师	无法判断
2006-8号	中关村科技	北京京都	2001/2002	2002年没有换人	没有及时更换项目负责人
2007-3号	嘉瑞新材	天职孜信	2001/2002/2003	2002年没有换人	没有及时更换项目负责人
2007-18号	广东美雅	北京中天华正	2003	2004年没有换人	没有及时更换项目负责人
2007-24号	安信信托	北京天华	2004	2005年公司换所	无法判断
2007-27号	闽越花雕	中勤万信	2004	2005年公司退市	无法判断

2.2 多元回归结果

表5-12考察项目负责人变更与审计质量之间的关系,目的是为了检验事务所是否按照审计质量来更换项目负责人。从回归结果中可以发现,审计质量对项目负责人更换并没有显著影响。从第1列可见,用 $JONES$ 模型衡量的审计质量(AQ)的符号为负,但不显著,说明会计师事务所没有更换审计质量较差的项目负责人。在控制变量上,BIG 的系数为正且在1%水平上显著,这与描述性统计和单变量分析的结论一致。说明规模较大的事务所内项目负责人的更换更加频繁。$AUDCOMPET$ 的系数为正且显著,由于 $AUDCOMPET$ 代表会计师事务所内项目负责人职位竞争的激烈程度,因此职位竞争越激烈越可能发生项目负责人变更。$TEN5$ 系数为正且在0.01水平下显著,表示项目负责人的审计

任期达到 5 年后进行轮换。此外,AGE 的系数显著为负,说明上市年限越长,则负责其审计的项目负责人越可能更换。从第 2 列可见,用 DA_PERF 衡量的审计质量的系数为负,但也不显著。这同样说明会计师事务所没有更换审计质量较差的项目负责人。第 3 列则用是否出具"过松"审计意见来代表审计质量,结果显示 OPN_DIF 系数为正,但不显著,说明会计师事务所没有更换出具"过松"审计意见的项目负责人。其他控制变量的符号与第 1 列相同,此处不再赘述。综上所述,从检验结果看,事务所没有按照质量控制的原则更换审计质量较差的项目负责人,也没有更换出具"过松"审计意见的项目负责人。

表 5-12 项目负责人变更与审计质量

变量	(1)	(2)	(3)
	因变量:AUDCH		
	DA_JONES	DA_PERF	OPN_DIF
AQ	**−0.052** **[−0.628]**	**−0.035** **[−0.387]**	**0.238** **[0.784]**
BIG	0.083*** [4.609]	0.082*** [4.601]	0.083*** [4.638]
AUDCOMPET	0.048* [1.724]	0.048* [1.730]	0.048* [1.740]
OPN	−0.043 [−1.529]	−0.042 [−1.509]	0.197 [0.643]
TEN5[①]	0.419*** [12.88]	0.419*** [12.88]	0.420*** [12.89]
AGE	−0.016*** [−6.179]	−0.015*** [−6.155]	−0.015*** [−6.181]
LEV	−0.005 [−0.265]	−0.004 [−0.234]	−0.007 [−0.380]
ROA	0.085 [1.550]	0.080 [1.472]	0.081 [1.479]
LOSS	0.014 [0.512]	0.017 [0.624]	0.016 [0.581]

---

① 系数不为1,可能是由两个原因造成的:第一,在强制轮换政策实施的第一年,许多任期达到5年的签字会计师并没有进行轮换,详细描述可参见(李爽和吴溪 2006)。第二,因变量不是 0/1 变量,而是有可能取值为 2。

(续表)

变量	(1)	(2)	(3)
	因变量：AUDCH		
	DA_JONES	DA_PERF	OPN_DIF
ARINV	−0.032 [−0.761]	−0.034 [−0.828]	−0.040 [−0.989]
SIZE	−0.007 [−0.950]	−0.007 [−0.934]	0.007 [0.354]
截距项	0.947*** [5.661]	0.944*** [5.643]	0.613 [1.348]
年度	控制	控制	控制
样本量	8 255	8 255	8 255
虚拟拟合优度	0.039	0.039	0.039

注：因变量为 AUDCH，其他变量定义见表4-1。括号内为 T 值；*、**、*** 分别表示双尾检验的显著性水平为 10%、5%和 1%。

表 5-13 列示的是项目负责人变更对审计质量变化的回归结果，从表中第(1)列可见，$DA\_JONESDEL$ 的系数符号为正但不显著，说明事务所对审计质量变差的项目负责人并没有做出更换的反应。表中的第(2)、第(3)、第(4)列我们分别用 $DA\_PERFDEL$、$ABS\_DA\_JONESDEL$、$ABS\_DA\_PERFDEL$ 代表审计质量变化，回归结果显示与第(1)列相同，事务所并没有更换审计质量变差的项目负责人。在控制变量上，与表 5-12 结果一致，AUDCOMPET 会显著增加项目负责人变更，BIG 内项目负责人变更的频率较高，其他变量的结果也类似，不再叙述。

表 5-13　项目负责人变更与审计质量变化

变量	(1)	(2)	(3)	(4)
	因变量：AUDCH			
	DA_JONESDEL	DA_PERFDEL	ABS_DA_JONESDEL	ABS_DA_PERFDEL
ΔAQ	0.020 [0.328]	0.044 [0.667]	0.029 [0.330]	0.015 [0.149]
BIG	0.083*** [4.644]	0.083*** [4.645]	0.083*** [4.645]	0.083*** [4.643]

(续表)

变量	(1)	(2)	(3)	(4)
	因变量：AUDCH			
	DA_JONESDEL	DA_PERFDEL	ABS_DA_JONESDEL	ABS_DA_PERFDEL
AUDCOMPET	0.047* [1.711]	0.047* [1.707]	0.048* [1.713]	0.048* [1.713]
OPN	−0.036 [−1.301]	−0.036 [−1.296]	−0.037 [−1.316]	−0.037 [−1.315]
TEN5	0.420*** [12.88]	0.420*** [12.88]	0.420*** [12.88]	0.420*** [12.88]
AGE	−0.015*** [−6.120]	−0.015*** [−6.136]	−0.015*** [−6.119]	−0.015*** [−6.113]
LEV	−0.002 [−0.088 1]	−0.002 [−0.097 6]	−0.001 [−0.081 0]	−0.001 [−0.080 1]
ROA	0.155** [2.449]	0.152** [2.403]	0.152** [2.398]	0.154** [2.436]
LOSS	0.030 [1.057]	0.030 [1.089]	0.030 [1.061]	0.030 [1.060]
ARINV	−0.032 [−0.780]	−0.031 [−0.749]	−0.033 [−0.824]	−0.034 [−0.826]
SIZE	−0.008 [−1.002]	−0.008 [−0.982]	−0.008 [−1.000]	−0.008 [−1.008]
截距项	0.949*** [5.635]	0.945*** [5.609]	0.949*** [5.640]	0.950*** [5.644]
样本量	8 221	8 221	8 221	8 221
R-SQUARED	0.040	0.040	0.040	0.040

注：因变量为AUDCH，其他变量定义见表4-1。括号内为T值；*、**、***分别表示双尾检验的显著性水平为10%、5%和1%。

2.3 稳健性检验

为了检验本书发现的结论是否稳健，我们进行了如下测试：

第一，项目负责人个人特征可能会影响事务所对项目负责人的更换。而在前面的回归分析中，我们并没有控制这些个人特征。这是因为我们只收集了2009年的项目负责人个人特征数据，在回归模型中加入个人特征变量会导致样本量的大量减少。但在此处我们以2009年的样本检验是否个人特征变量会影响本书的主要结论。回归结果列于表5-14中，需要说明的是：为了使得结果更加简洁、明了，我们只报告了主要测试变量（AQ），项目负责人个人特征变量（$FEMALE$、$EDUBACKN$、$QUAL$）的结果，不再列示其他变量。从表中可见，加入项目负责人特征变量，是否是女性$FEMALE$，教育背景$EDUBACKN$，是否具有签署评估报告的资格$QUAL$后，AQ仍然不显著，这说明会计师事务所没有更换审计质量较差的项目负责人。同时从2009年的回归结果看，$FEMALE$的系数为负，说明事务所更不倾向于更换女性的项目负责人，但统计上不显著。$EDUBACKN$的系数在模型中不确定。$QUAL$的系数为负，说明具有签署评估报告资格的项目负责人更不可能被更换，但从统计意义上并不显著。综合以上分析，我们的主要结论仍然不变。

表5-14 控制项目负责人个人特征

变量	(1)	(2)	(3)
	因变量：AUDCH		
	DA_JONES	DA_PERF	OPN_DIF
AQ	0.155 [0.706]	−0.064 [−0.269]	0.161 [0.223]
$FEMALE$	−0.013 [−0.343]	−0.014 [−0.347]	−0.014 [−0.350]
$EDUBACKN$	0.048 [1.393]	0.048 [1.383]	0.048 [1.392]
$QUAL$	−0.001 [−0.015]	−0.004 [−0.055]	−0.004 [−0.051]
其他控制变量	控制	控制	控制
截距项	1.143*** [3.158]	1.132*** [3.127]	0.911 [0.849]
样本量	1 176	1 176	1 176
R-SQUARED	0.063	0.063	0.063

注：因变量为AUDCH，其他变量定义见表4-1。括号内为T值；*、**、***分别表示双尾检验的显著性水平为10%、5%和1%。

第二，在前文的分析中我们用$TEN5$来控制签字会计师强制轮换的影响。为了进一步控制它对本书结果可能造成的偏差，在稳健性检验中，我们把样本区间设定为2002年之前,即为1998年到2002年。这是因为签字轮换政策在2003年末实施,因此2002年之前的样本不可能受到签字会计师强制轮换政策的影响。结果列示在表5-15的 PANEL A 中,从中可见,本书的结论不变,事务所仍然没有更换审计质量较差的项目负责人。

第三,在前面的回归分析中,项目负责人变更(AUDCH)的取值为0/1/2,分别代表项目负责人没有变更、一个项目负责人发生变更、两个项目负责人发生变更。在稳健性检验中,我们采用0/1虚拟变量 AUDCHDUM。结果列示在表5-15的 PANEL B 中,项目负责人变量转变成虚拟变量后,我们的主要结论仍然不变。

第四,在前面一节中,我们采用 DA_JONES、DA_PERF、ABS_DA_JONES、ABS_DA_PERF 来衡量项目负责人的审计质量。为了使结论更加稳健,我们也采用其他衡量方式来测度项目负责人的审计质量。由于审计师更加关注"向上"的盈余管理,因此对"向上"盈余管理的抑制更加能够反映出审计质量。因此我们这里采用 DA_JONES、DA_PERF 为正的样本分别进行回归。结果列示在表5-15的 PANEL C 中,我们的主要结论仍然不变。

第五,有的上市公司频繁发生项目负责人变更,可能是由于会计师事务所的任期较短造成的。事务所的较短任期造成了项目负责人不愿意去负责这样的客户。为此,我们剔除了事务所任期(ADTTEN)小于3年的样本,重新进行回归,回归结果列示与表5-15的 PANEL D 中,从中可见,在剔除事务所任期小于3年的样本后,我们的主要结论仍然不变。

第六,我们发现总体上会计师事务所并没有按照质量控制的原则进行项目负责人更换,即会计师事务所没有及时更换审计质量较差、审计质量下滑和出具"过松"审计质量的项目负责人。但是,规模较大事务所与规模较小事务所之间可能存在差异。相比于规模较小的事务所,规模较大的事务所可能更加注重事务所的质量控制,因此更可能更换审计质量较差的项目负责人。为了控制这一因素的影响,我们在回归模型中加入 $AQ \times BIG$ 的交乘项。回归结果列示与表5-15的 PANEL E 中,从中可见,虽然 $AQ \times BIG$ 为正,表明大规模事务所比小规模事务所更可能更换审计质量较差的项目负责人,但是这一结论在统计上并不显著。总之,经过这些稳健性测试后,所有的证据都表明,在现阶段中国的会计师事务所并没有根据项目负责人的审计质量来更换项目负责人,事务所内的质量控制体系可能存在"缺陷",或者事务所内部并没有建立以质量为导向的事此外,对于项目负责人变更,我们无法区分是项目负责人"升职"还是"降职",因此,对于事务所没有更换审计质量较差的项目负责人的一种替代解释是审计质量较好的项目负责人得到了"晋升"。为了排除这一替代解释,我们在模型中加入 AQ 的二次型。理由是按照这一替代解释,审计质量最好或者最差部分的项目负责人都会被更换。未列示的表格显示,无论是表 5-12 还是表 5-13加入审计质量的二次型后,本书的结论都没有发生变化。

表 5-15 稳健性检验汇总

PANEL A	彻底剔除强制轮换政策的影响		
	DA_JONES	DA_PERF	OPN_DIF
AQ	0.039 [0.240]	0.138 [0.792]	0.077 [0.121]
PANEL B	项目负责人变更为 AUDCHDUM		
	DA_JONES	DA_PERF	OPN_DIF
AQ	−0.039 [−0.654]	−0.012 [−0.190]	0.189 [0.859]
PANEL C	取正向的盈余管理为样本		
	DA_JONES>0	DA_PERF>0	
AQ	−0.185 [−1.173]	−0.251 [−1.396]	
PANEL D	删除事务所任期小于 3 年的样本		
	DA_JONES	DA_PERF	
AQ	−0.185 [−1.173]	−0.251 [−1.396]	
PANEL E	区分事务所的规模		
	DA_JONES	DA_PERF	OPN_DIF
AQ	−0.056 [−0.603]	−0.009 [−0.0922]	0.200 [0.674]
BIG	0.082*** [4.581]	0.084*** [4.660]	0.077*** [4.476]
AQ×BIG	0.015 [0.0822]	0.117 [0.874]	0.016 [0.276]

注:变量定义见表 4-1。括号内为 T 值;*、**、*** 分别表示双尾检验的显著性水平为 10%、5% 和 1%。

2.4 小结

从本节的分析中我们可以得到以下结论：项目负责人变更比较频繁，但项目负责人变更不是由项目负责人"跳槽"引起的；总体上，项目负责人的更换并不符合会计师事务所质量控制的要求，表现为：①在事后被中国证监会查处的审计失败的项目负责人并没有被及时更换；②大样本的证据显示，事务所没有更换审计质量较差的项目负责人；③事务所没有更换审计质量出现下滑的项目负责人；④事务所没有更换出具"过松"审计意见的项目负责人。

第 6 章 项目负责人配置——项目负责人—客户关系视角

本章从项目负责人—客户关系角度研究项目负责人配置。共分为两节,第1节研究项目负责人—客户之间的亲密关系对项目负责人更换的影响,项目负责人—客户之间的亲密关系是否会阻碍事务所对项目负责人的更换。第2节研究客户与项目负责人发生冲突时,客户是否能够"施压"更换项目负责人,进而改善审计意见。

1 项目负责人—客户关系与会计师事务所对项目负责人的配置

1.1 样本选择

本节的样本期间为1998—2008年的所有A股上市公司。我们剔除了IPO公司和已经退市的公司。当项目负责人—客户关系采用RELATION2来衡量时,我们首先用第一位项目负责人的审计任期代表RELATION2,相应地AUDCH采用第一位项目负责人是否发生变更。然后我们用第二位项目负责人的审计任期作为补充检验。此外为了控制强制轮换对签字会计师审计任期的影响,我们在做回归时把样本控制在1998—2002年之间。因为2003年开始,理论上不再存在任期超过5年的会计师,我们无法再用签字会计师任职期限的长短来衡量其与客户的关系,因为审计任期的差异太小。此外,我们剔除了模型4.1中变量缺失的样本。最后,为了减轻异常值对本书的影响,我们对所有续变量在1%和99%水平上进行了WINSORIZE的处理。

1.2 实证结果

1.2.1 单变量分析

表6-1是项目负责人客户关系与项目负责人变更之间的单变量检验,从中可见,当项目负责人与客户之间的关系较弱时,发生一个项目负责人变更的比例为60.87%,发生两个项目负责人变更比例为26.09%。而当项目负责人—客户之间的关系较强时,发生一个项目负责人变更的比例为57.38%,发生两个项目负责人变更的比例为8.20%。未列示的卡方检验显示,χ^2为6.79,在0.05水平下显著。这说明,项目负责人客户之间的关系可以显著的降低项目负责人更换的可能性。

表6-1 项目负责人—客户关系与项目负责人变更的单变量检验

RELATION1	AUDCH			总计
	0	1	2	
0	13.04	60.87	26.09	100
1	34.43	57.38	8.20	100
总计	28.57	58.33	13.10	100

注:变量定义见表4-1。

1.2.2 多元回归结果及解释

表6-2报告了项目负责人—客户关系对项目负责人变更影响的回归结果,从表中第1列可见,RELATION1显著为负,且在0.01水平下显著。这说明项目负责人与客户之间的关系显著地降低了项目负责人被更换的概率。在表中第2列,我们加入审计质量AQ(用ABS_DA_PERF表示),以判断RELATION1和AQ之间哪个变量会对项目负责人变更产生显著的影响,结果发现在控制了项目负责人与客户之间的关系后,审计质量的符号为正但依然不显著,说明事务所在更换项目负责人的时候考虑了项目负责人与客户之间的关系,但没有考虑项目负责人的审计质量。

表6-3研究项目负责人—客户关系对项目负责人更换的影响,表6-3中的样本为1999—2002年,因此样本量有所减少。表中第1列显示RELATION2为负且在1%水平下显著,说明项目负责人—客户关系能显著地降低项目负责人更换的概率。在表6-3的第2列,我们使用第二个项目负责人的关系,结果与

表 6-2 项目负责人—客户关系与项目负责人变更——以"跳槽"衡量关系

变量	(1) AUDCH	(2) AUDCH
RELATION1	−0.485*** [−2.739]	−0.497** [−2.315]
AQ		0.728 [0.369]
BIG	0.122 [0.570]	0.033 [0.135]
AUDCOMPET	0.004 [0.015 4]	−0.031 [−0.099 5]
OPN	−0.219 [−0.616]	−0.271 [−0.677]
TEN5	0.282 [0.657]	0.372 [0.748]
AGE	−0.015 [−0.623]	−0.009 [−0.353]
LEV	−0.692 [−1.541]	−0.768 [−1.528]
ROA	0.282 [0.223]	0.071 [0.048 6]
LOSS	0.156 [0.428]	0.066 [0.142]
ARINV	0.071 [0.154]	−0.073 [−0.139]
SIZE	0.026 [0.309]	0.036 [0.346]
截距项	1.018 [0.562]	0.888 [0.400]
样本量	76	66
R-SQUARED	0.196	0.193

注：因变量为项目负责人变更，AQ 用 ABS_DA_PERF 表示，其他变量定义见表 4-1。括号内为 T 值；*、**、*** 分别表示双尾检验的显著性水平为 10%、5% 和 1%。

表6-3 项目负责人—客户关系与项目负责人变更——以项目负责人任期衡量关系

自变量	(1) AUDCH1	(2) AUDCH2	(3) AUDCH1	(4) AUDCH2
AQ			**0.297** [0.376]	**0.704** [0.854]
RELATION2	−0.193*** [−5.590]	−0.218*** [−6.268]	−0.181*** [−5.062]	−0.220*** [−6.087]
$AQ \times RELATION2$			−0.175 [−0.521]	−0.314 [−0.817]
BIG	−0.134 [−1.298]	−0.199* [−1.924]	−0.134 [−1.298]	−0.199* [−1.924]
$LOSS$	0.277* [1.735]	0.21 [1.298]	0.277* [1.735]	0.21 [1.298]
OPN	0.304*** [2.583]	0.322*** [2.724]	0.304*** [2.583]	0.322*** [2.724]
LEV	0.027 [0.157]	−0.007 [−0.0422]	0.027 [0.157]	−0.007 [−0.0422]
ROA	0.09 [0.212]	−0.171 [−0.379]	0.09 [0.212]	−0.171 [−0.379]
$SIZE$	−0.036 [−0.743]	−0.045 [−0.924]	−0.036 [−0.743]	−0.045 [−0.924]
AGE	−0.002 [−0.0814]	−0.009 [−0.437]	−0.002 [−0.0814]	−0.009 [−0.437]
$GROWTH$	−0.019 [−1.102]	−0.014 [−1.067]	−0.019 [−1.102]	−0.014 [−1.067]
OCF	0.065 [0.128]	−0.516 [−1.004]	0.065 [0.128]	−0.516 [−1.004]
$Constant$	0.683 [0.689]	0.992 [0.994]	0.416 [0.398]	1.111 [1.057]
观测数	2 634	2 634	2 478	2 478
R2	0.017	0.021	0.015	0.021

注：由于使用项目负责人任期衡量项目负责人与客户之间的关系，所以样本区间取值为1998—2008年。表中因变量为 AUDCH，AQ 用 ABS_DA_PERF 表示，其他变量定义见表4-1。括号内为 T 值；*、**、*** 分别表示双尾检验的显著性水平为10%、5%和1%。

第 1 列相同。也就是说,事务所更不倾向于更换与客户关系较好的项目负责人,假说 3 得到验证。在第 3 和第 4 列我们加入了审计质量 AQ(用 ABS_DA_PERF 表示)、审计质量与客户关系的交叉项。结果发现 AQ、$AQ \times RELATION2$ 在统计上都不具有显著性。这说明,即便控制了客户关系,审计质量仍然不是事务所考虑更换项目负责人的主要因素。换句话说,事务所在更换项目负责人时,考虑的主要因素之一是项目负责人与客户的关系而不是审计质量。

1.3 小结

本节发现,会计师事务所对项目负责人的配置受到项目负责人—客户关系的影响。与客户关系较好的项目负责人更不可能被事务所更换。而且把项目负责人—客户关系、项目负责人审计质量同时放入模型中后发现,事务所更换项目负责人主要考虑项目负责人与客户之间的关系,并没有考虑项目负责人的审计质量。

2 项目负责人配置与审计意见购买

本节通过考察收到非标审计意见的客户,通过"施压"更换项目负责人后是否能够改善审计意见。如果客户"施压"更换审计项目负责人后,能够获得"清洁"的审计意见,那么就说明事务所对项目负责人的配置受到客户改善审计意见动机的影响。反之,则说明事务所对项目负责人的配置没有受到客户改善审计意见的影响。

2.1 样本选择和描述性统计

2.1.1 样本选择

本节的样本为 1998—2008 年期间前期获得非标审计意见的上市公司,我们剔除了 IPO 公司和已经退市的公司,最终样本为 1 405 家。从表 6-4 的样本分布可见,样本基本较均匀地分布在各个年份之间,其中 2006 年的样本最多为 160 个,占全部总样本的 11.39%。最少的年份为 2004 年,为 79 个样本,占全部总样本的 5.62%。

表 6-4 样本分布

年份(年)	家数(个)	占比(%)
1998	82	5.84
1999	124	8.83
2000	161	11.46
2001	147	10.46
2002	128	9.11
2003	136	9.68
2004	79	5.62
2005	129	9.18
2006	160	11.39
2007	140	9.96
2008	119	8.47
总计	1 405	100

2.1.2 描述性统计

表 6-5 是主要变量的描述性统计,从中可见,OPN 的均值为 0.56,这表明总体上看,上期收到非标审计意见的上市公司,本期有 56% 的上市公司仍然会受到非标审计意见。$AUDCH$ 的均值为 0.66,中位数为 1,超过半数的公司发生过项目负责人变更,但是均值为 0.66 并不意味着 66% 的公司都发生了项目负

表 6-5 主要变量描述性统计

变量	样本数	最小值	P1	均值	中位数	P99	最大值
OPN	887	0	0	0.56	1	1	1
$AUDCH$	887	0	0	0.66	1	2	2
$LOSS$	887	0	0	0.34	0	1	1
BIG	887	0	0	0.21	0	1	1
$TEN5$	887	0	0	0.034	0	1	1
AGE	887	1	1	7	7	16	18
ROA	887	−0.13	−0.13	−0.007	0.008	0.11	0.11
LEV	887	0.17	0.17	0.61	0.63	0.86	0.86
$SIZE$	887	20	20	21	21	23	23
ABS_DA_PERF	887	0.003 8	0.003 8	0.06	0.043	0.18	0.18

注:变量定义见表 4-1。

责人变更，因为 AUDCH 的取值可能为 2。LOSS 的均值为 0.34，表明样本中有 34% 的公司为亏损公司。BIG 的均值为 0.21，这说明收到非标审计意见的公司大多数不是由大事务所审计而是由小事务所审计。TEN5 的均值为 0.034。AGE 的均值和中位数都为 7。ROA 的均值为 -0.0071，表明样本公司平均为亏损公司，其中 ROA 最小值为 -0.13，最大值为 0.11。而且样本公司的负债率也较高，LEV 的均值为 0.61，中位数为 0.63，最高的公司负债率达到了 0.86。此外样本公司普遍采用了正向的盈余管理手段，ABS_DA_PERF 的均值为 0.06，最大值达到了 0.18，最小值为 0.0038。其他各变量的分布情况也都未见异常。

2.1.3 相关性分析

表 6-6 是主要变量之间的相关性系数，从中可见，OPN 与 AUDCH 的相关性系数为负，且在 0.01 水平上显著，说明项目负责人变更下更可能获得清洁审

表 6-6 变量之间的相关性系数表

	(1)	(2)	(3)	(4)	(5)	(6)	(7)	(8)	(9)
OPN	1.00 (0.00)								
AUDCH	-0.03 (0.01)	1.00							
ROA	-0.39 (0.00)	0.01 (0.56)	1.00						
LEV	0.27 (0.00)	-0.01 (0.35)	-0.41 (0.00)	1.00					
LOSS	0.38 (0.00)	0.00 (0.88)	-0.79 (0.00)	0.27 (0.00)	1.00				
AGE	0.05 (0.00)	-0.04 (0.00)	-0.16 (0.00)	0.25 (0.00)	0.10 (0.00)	1.00			
SIZE	-0.19 (0.00)	-0.00 (0.73)	0.16 (0.00)	0.16 (0.00)	-0.17 (0.00)	0.15 (0.00)	1.00		
ABS_DA_PERF	0.02 (0.02)	0.00 (0.89)	0.07 (0.00)	0.10 (0.00)	-0.02 (0.03)	0.04 (0.00)	-0.03 (0.01)	1.00	
BIG	-0.05 (0.00)	0.04 (0.00)	0.10 (0.00)	-0.02 (0.07)	-0.07 (0.00)	0.04 (0.00)	0.24 (0.00)	-0.02 (0.02)	1.00
TEN5	-0.02 (0.09)	0.13 (0.00)	-0.02 (0.04)	0.04 (0.00)	0.00 (0.96)	0.14 (0.00)	0.04 (0.00)	0.00 (0.68)	-0.05 (0.00)

注：变量定义见表 4-1。括号内为 P 值。

计意见。这与我们的假说 4 一致。OPN 与 ROA 显著负相关,说明盈利能力强的公司更不可能获得非标审计意见,LEV 与 OPN 显著正相关,说明负债率较高的公司更可能获得非标审计意见。$LOSS$ 与 OPN 的相关性系数为正,且在 0.01 水平下显著,说明亏损公司更可能获得非标审计意见。此外上市的年限越长,也越可能获得非标审计意见,这可以从 AGE 与 OPN 之间正显著相关看出。$SIZE$ 与 OPN 显著负相关,表明公司的规模越大越不可能获得非标审计意见。BIG 与 OPN 显著负相关,这可能是因为 BIG 审计的公司都是质量较好的公司。但 ABS_DA_PERF 与 OPN 不存在显著的正相关关系,说明事务所并没有对盈余管理行为出具非标审计意见。与 $AUDCH$ 显著相关的变量有:AGE、BIG、$TEN5$。$AUDCH$ 与 AGE 显著负相关,说明负责上市年限越长的项目负责人越不可能被更换;BIG 与 $AUDCH$ 显著正相关,说明规模较大的事务所对项目负责人的更换比规模较小的事务所的项目负责人的更换更加频繁。由于相关系分析没有控制其他变量的影响,因此我们在后面的分析中将进一步检验项目负责人变更与审计意见改善之间的关系。

2.1.4 单变量分析

表 6-7 是项目负责人更换与审计意见改善的单变量检验,从中可见,当没有发生项目负责人变更时,前期获得非标审计意见的公司,本期获得"清洁"审计意见的概率为 39.29%;而当发生一位项目负责人变更时,前期获得非标审计意见的公司,本期获得清洁审计意见的概率为 45.07%,与没有发生项目负责人变更相比,两者存在显著差异。这说明通过更换项目负责人,客户的审计意见可以获

表 6-7 项目负责人更换与审计意见改善的单变量检验

| AUDCH | OPN | | 总计 | 0/1 组获得"清洁"审计意见的比较 | 0/2 组获得"清洁"审计意见的比较 |
	0	1			
0	165 39.29%	255 60.71%	420 100%		
1	192 45.07%	234 54.93%	426 100%	$CHI2=2.901$ $P=0.08$	
2	44 43.14%	58 56.86%	102 100%		$CHI2=0.507$ $P=0.476$
总计	401 42.3%	547 57.7%	948 100%		

得显著的改善。当发生两位项目负责人变更时,前期获得非标审计意见的公司,本期获得获得清洁审计意见的概率为43.14%,虽然大于未发生项目负责人变更时的39.29%,但卡方检验显示两者之间并没有统计上的差异。由于单变量检验没有控制其他变量的影响,因此我们用多元回归的方式检验项目负责人变更与审计意见购买之间的关系。

2.2 多元回归结果和解释

表6-8是项目负责人更换与审计意见改善之间的回归结果,从表中第1列可见,与假说4相一致,AUDCH的系数显著为负,说明前期获得非标审计意见

表6-8 项目负责人更换与审计意见改善的多元回归结果

变量	(1) OPN AUDCH	(2) OPN AUDCHDUM	(3) OPN AUDCH!=2	(4) OPN AUDCH!=0
AUDCH	**−0.221*** [−1.780]	**−0.345**** [−2.067]	**−0.323*** [−1.840]	**−0.026** [−0.0873]
ROA	−11.210*** [−4.694]	−11.204*** [−4.687]	−11.898*** [−4.643]	−13.343*** [−3.807]
LEV	2.224*** [5.045]	2.226*** [5.053]	1.991*** [4.293]	3.195*** [4.830]
LOSS	0.725** [2.313]	0.726** [2.318]	0.721** [2.187]	0.671 [1.563]
AGE	0.062* [1.857]	0.062* [1.864]	0.066* [1.801]	0.061 [1.369]
SIZE	−0.268*** [−2.788]	−0.272*** [−2.829]	−0.218** [−2.091]	−0.303** [−2.291]
ABS_DA_PERF	−2.307 [−1.398]	−2.357 [−1.431]	−3.008* [−1.671]	−1.130 [−0.486]
BIG	−0.048 [−0.229]	−0.034 [−0.161]	0.111 [0.488]	0.249 [0.851]
TEN5	0.313 [0.713]	0.322 [0.744]	0.009 [0.0199]	0.545 [1.062]
截距项	4.903** [2.346]	5.019** [2.402]	4.082* [1.813]	4.513 [1.571]
样本量	887	887	789	488
虚拟拟合优度	0.239	0.240	0.244	0.278

注:因变量为OPN,其他变量定义见表4-1。括号内为T值;*、**、***分别表示双尾检验的显著性水平为10%、5%和1%。

的客户,发生项目负责人变更之后,获得非标审计意见的可能性显著下降,即更可能获得"清洁"审计意见。因此假说4得到了验证。在控制变量中,与以往的文献相一致,ROA 显著为负,说明盈利能力强的公司更不可能获得非标审计意见。LEV 显著为正,说明负债率高的公司更可能获得非标审计意见。LOSS 显著为正,说明亏损公司更可能获非标。此外,AGE 在10%水平上显著为正,SIZE 则在1%水平上显著为负。在表中的第2列,我们把 AUDCH 替换成 AUDCHDUM,AUDCHDUM 是0/1虚拟变量,只要发生项目负责人变更则为1,否则为0。结果显示,AUDCHDUM 仍然显著为负,这说明原项目负责人被更换之后,审计意见得到了改善。在表格的第3列中,我们把变更两位项目负责人的样本剔除掉,目的是为了单独考察发生一位项目负责人变更与没有发生项目负责人变更的情况,从中可见,AUDCH 显著为负。说明发生一位项目负责人变更后,审计意见显著改善了。在表格的第4列中,我们考察是否发生两位项目负责人变更比发生一位项目负责人变更更加可能获得清洁审计意见,结果发现,AUDCH 为负,但在统计上不显著。综上所述,上期收到非标审计意见的客户,如果更换其项目负责人,那么更可能获得"清洁"审计意见。但是发生两位项目负责人变更与发生一位项目负责人变更没有统计上的差异。

2.3 拓展性分析

2.3.1 客户重要性的影响

当会计师事务所收入的重大比例来源于某个单一客户时,事务所的独立性就会受到影响(Wallman 1996)。由此客户的重要性越高,事务所对客户的经济依赖性(economic dependence)也越高,进而客户对事务所可以"施加"更大的压力。所以我们预测客户通过"施压"变更项目负责人,改善审计意见的现象在重要的客户样本中更加明显。

我们使用3种方式来衡量客户重要性:CI1,客户的总资产占该事务所所有客户总资产的比重来表示(Chen, Sun and Wu 2010)。比重越高,则说明客户对事务所越重要,比重越低,则说明客户的重要性程度越低。此外,我们测试了另外两种客户重要性衡量方式:CI2 客户的审计收费占事务所所有客户审计收费的比重(Craswell, Stokes and Laughton 2002)、CI3 客户的销售收入占事务所所有客户销售收入的比重。

基于客户重要性我们把样本公司分成两组,如果 CI1 大于其中位数,则称为高客户重要组,如果 CI1 低于其中位数,则称为低客户重要组,然后分别进行回归,结果列示在表 6-9。为了方便对照,我们把全样本回归结果列在表格的第 1 列中。与我们的预期相一致,从表中第 2 列可见,在高客户重要组中,AUDCH 的符号显著为负,而从表格的第 3 列可见,在低客户重要组中,AUDCH 不显著。表格中的第 4 列和第 5 列,用客户的销售收入来衡量客户重要性,结果显示,在客户重要性较高组,AUDCH 显著为负,而在客户重要性较低组,AUDCH 不显著。未列示的表格显示,当以审计收费衡量客户重要时,客户重要性较高组的

表 6-9 项目负责人变更与审计意见改善—客户重要性的影响

变量	(1)	(2)	(3)	(4)	(5)
		以总资产衡量客户重要性		以销售收入衡量客户重要性	
		重要性高	重要性低	重要性高	重要性低
AUDCH	−0.221* [−1.780]	**−0.298*** **[−1.847]**	−0.18 [−0.738]	**−0.270*** **[−1.663]**	**−0.189** **[−0.790]**
ROA	−11.210*** [−4.694]	−9.433*** [−2.746]	−18.516*** [−4.121]	−12.942*** [−3.641]	−13.644*** [−3.007]
LEV	2.224*** [5.045]	1.452** [2.527]	3.880*** [4.272]	1.677*** [2.846]	3.426*** [4.010]
LOSS	0.725** [2.313]	1.071*** [2.664]	−0.111 [−0.181]	0.765* [1.901]	0.491 [0.767]
AGE	0.062* [1.857]	0.097** [2.298]	−0.073 [−1.057]	0.088** [2.006]	0.037 [0.552]
SIZE	−0.268*** [−2.788]	−0.102 [−0.803]	−0.512 [−1.454]	−0.211* [−1.674]	−0.254 [−1.101]
ABS_DA_PERF	−2.307 [−1.398]	−2.474 [−1.132]	−2.114 [−0.765]	−0.436 [−0.193]	−4.845* [−1.854]
BIG	−0.048 [−0.229]	−0.127 [−0.452]	0.067 [0.176]	−0.194 [−0.713]	0.063 [0.160]
TEN5	0.313 [0.713]	−0.084 [−0.162]	1.517* [1.669]	0.159 [0.305]	0.903 [1.027]
截距项	4.903** [2.346]	2.036 [0.749]	7.85 [1.096]	4.019 [1.499]	19.769 [1.032]
样本量	887	556	325	549	337
虚拟拟合优度	0.239	0.223	0.344	0.234	0.332

注:因变量为 OPN,其他变量定义见表 4-1。括号内为 T 值;*、**、*** 分别表示双尾检验的显著性水平为 10%、5% 和 1%。

$AUDCH$ 只有单边显著,而客户重要性较低组的 $AUDCH$ 不显著。以上结果说明项目负责人变更引起审计意见改善的情况主要发生在客户重要性较高的样本中。客户的重要性越高,越可能通过更换项目负责人进而改善审计意见。

2.3.2 规模效应

如果会计师事务所的规模越大,那么事务所"抵抗"客户压力的能力越强,这是因为大事务的规模越大,那么一旦出现审计失败,那么损失的准租(QUASI-RENT)也越多(DEANGELO 1981B),而且规模较大事务所在内部质量控制上往往比规模较小的事务所投入更多,质量控制越严格。因此,在规模较大的事务所中通过变更项目负责人改善审计意见的可能性越小。所以我们预测客户通过"施压"变更项目负责人,改善审计意见的现象在大规模事务所审计的样本中更加不明显,在小规模事务所审计的样本中更加明显。大所和小所的区分方法是,如果审计客户的事务所是国际四大或者国内前六大,则称为大所,否则称为小所。其中国内前六大的定义可以参见本书的变量定义部分。

回归结果列示在表 6-10。从表中第 1 和第 2 列可见,在大所审计的客户中,$AUDCH$ 的系数不显著,在小所审计的客户中,$AUDCH$ 的系数也不显著,但是 T 值为 -1.56,接近 10% 的显著性水平。在表格的第 3 和第 4 列中,我们剔除了两位项目负责人都发生变更的样本。这样大所审计的样本量减少 19 个,小所审计的样本量减少 78 个。从中可以发现,大所审计的客户组中,$AUDCH$ 仍然不显著,而小所审计的客户组中 $AUDCH$ 显著为负。综合以上的结果,我们认为我们的预期基本得到验证,规模较大的事务所更可能"抵抗"客户的压力,进而避免出现更换项目负责人导致审计意见改善的情况。

表 6-10 项目负责人变更与审计意见改善——事务所规模的影响

变量	(1) $BIG=1$	(2) $BIG=0$	(3) $BIG=1$	(4) $BIG=0$
AUDCH	-0.363 $[-1.058]$	-0.223^+ $[-1.555]$	0.220 $[0.454]$	-0.528^{**} $[-2.541]$
ROA	-22.817^{***} $[-3.557]$	-9.296^{***} $[-3.441]$	-25.327^{***} $[-3.586]$	-9.702^{***} $[-3.322]$
LEV	2.716^{**} $[2.472]$	2.187^{***} $[4.352]$	2.842^{**} $[2.286]$	1.841^{***} $[3.514]$

(续表)

变量	(1) BIG=1	(2) BIG=0	(3) BIG=1	(4) BIG=0
LOSS	−0.652 [−0.878]	1.142*** [3.226]	−0.273 [−0.324]	1.181*** [3.165]
AGE	0.022 [0.266]	0.074* [1.861]	0.045 [0.459]	0.078* [1.775]
SIZE	−0.980*** [−3.486]	−0.221* [−1.879]	−1.035*** [−3.037]	−0.173 [−1.360]
ABS_DA_PERF	−0.421 [−0.105]	−2.644 [−1.364]	−2.587 [−0.596]	−2.733 [−1.272]
TEN5	0.856 [0.940]	−0.163 [−0.328]	−0.335 [−0.268]	−0.446 [−0.892]
截距项	17.866*** [3.004]	3.763 [1.493]	21.744*** [2.979]	3.152 [1.173]
样本量	186	697	167	619
虚拟拟合优度	0.298	0.259	0.327	0.270

注：因变量为 OPN，其他变量定义见表 4-1。第 1、第 2 与第 3、第 4 列的区别在于后者去掉了两位项目负责人都发生变更的样本。括号内为 T 值；*、**、*** 分别表示双尾检验的显著性水平为 10%、5% 和 1%。

2.3.3 监管政策的影响

由于发现客户收到非标审计意见后变更事务所的现象越来越多，为了防止客户通过变更事务所的方式进行审计意见购买，2002 年中国注册会计师协会加强了对事务所变更的监管（李爽和吴溪 2002）。这一监管政策出台后，上市公司通过变更事务所的方式来进行审计意见购买，势必会引起监管层的重视，而且对后任事务所的监管加强也会导致审计意见购买变得更加困难。由于通过变更项目负责人来改善审计意见的方式更加"隐蔽"，监管成本更低，那么上市公司的一个理性选择就是从变更事务所的方式转向变更项目负责人的方式。为此，我们预测 2002 年对事务所变更的监管政策出台后，客户通过变更项目负责人进行审计意见购买的现象更加明显。

我们把样本分为 2002 年之前和 2002 之后两个部分，通过分组检验以上假说。检验结果列示在表 6-11 中，为了方便对照，我们把全样本回归结果列在表格的第1列中。与我们的预期相一致,从表中第2列可见,在2002年之前时,$AUDCH$的系数为负,但不显著。而当监管政策出台后,客户逐渐采用变更项目负责人的方式来购买审计意见,因此表中的第3列显示,$AUDCH$的系数显著为负。

表6-11 项目负责人变更与审计意见改善——监管政策的影响

变量	(1) OPN	(2) OPN YEAR<2002	(3) OPN YEAR≥2002
AUDCH	−0.221* [−1.780]	**−0.106** [**−0.517**]	**−0.331**** [**−1.981**]
ROA	−11.210*** [−4.694]	−15.237*** [−3.577]	−9.321*** [−3.069]
LEV	2.224*** [5.045]	1.630* [1.957]	2.201*** [3.960]
LOSS	0.725** [2.313]	0.029 [0.0616]	1.144*** [2.631]
AGE	0.062* [1.857]	0.017 [0.256]	0.070* [1.702]
SIZE	−0.268*** [−2.788]	0.004 [0.0232]	−0.438*** [−3.250]
ABS_DA_PERF	−2.307 [−1.398]	−0.962 [−0.349]	−3.189 [−1.475]
BIG	−0.048 [−0.229]	0.163 [0.539]	−0.326 [−1.085]
TEN5	0.313 [0.713]		0.495 [1.078]
截距项	4.903** [2.346]	−0.649 [−0.200]	7.910*** [2.715]
样本量	887	336	551
虚拟拟合优度	0.239	0.172	0.305

注:因变量为OPN,其他变量定义见表4-1。2002年之后中国注册会计师协会加强了对事务所变更的监管。括号内为T值;*、**、***分别表示双尾检验的显著性水平为10%、5%和1%。

2.3.4 实现机制

如果客户通过"施压"更换项目负责人来改善审计意见,那么更换之后的项目负责人应该更加有利于客户。为此我们从执业经验来刻画项目负责人对客户的有利程度。执业经验较低的项目负责人更可能在对客户有利,因为其他条件不变的情况下,如果后任项目负责人的执业经验比较低,那么他发现客户财务报表中的错误的可能性较低,所以更可能出具"清洁"的审计意见。而且在与客户发生分歧时,由于是"新手",所以更可能向"客户"妥协。因此我们预期,后任项目负责人的执业经验显著地低于前任项目负责人的执业经验。

表 6-12 报告了项目负责人发生变更与执业经验之间的关系,从中可见,AUDCH 的系数显著为负,说明项目负责人发生变更后,后任项目负责人的执业经验显著地降低了,项目负责人变更促使审计意见改善的实现机制之一就是执业经验的降低。

表 6-12 项目负责人变更与审计意见改善——实现机制之执业经验

变量	(1) EXP1MAX	(2) EXP1MIN	(3) EXP2MAX	(4) EXP2MIN
AUDCH	**−0.117***	**−0.411***	**−0.253***	**−0.685***
	[−4.495]	[−9.277]	[−18.32]	[−21.77]
LOSS	−0.055	−0.066	−0.001	−0.067
	[−1.322]	[−1.008]	[−0.0315]	[−1.522]
OPN	−0.005	0.084	−0.028	0.118***
	[−0.137]	[1.337]	[−1.346]	[2.803]
LEV	0.045	−0.323**	0.178***	0.076
	[0.489]	[−2.244]	[3.667]	[0.765]
ARINV	0.231**	0.526***	0.364***	0.684***
	[2.282]	[3.257]	[7.059]	[6.319]
LNFEE	0.009	−0.033	0.036*	−0.026
	[0.212]	[−0.513]	[1.687]	[−0.621]
SIZE	0.017	0.088**	0.061***	0.238***
	[0.728]	[2.331]	[4.979]	[9.472]
CONSTANT	0.738	−0.753	0.851***	−3.161***
	[1.457]	[−0.941]	[3.278]	[−6.113]
样本量	608	608	608	608
虚拟拟合优度	0.079	0.085	0.141	0.172

注:因变量为执业经验,其他变量定义见表 4-1。括号内为 T 值;*、**、*** 分别表示双尾检验的显著性水平为 10%、5% 和 1%。

2.4 替代性解释

对于上述发现,我们认为是会计师事务所迫于客户压力而更换项目负责人。但是存在一个替代性解释:项目负责人可能主动离开那些较差的、被出具非标审计意见的公司,而非迫于客户压力。即项目负责人变更存在主动和被动的区别。

由于我们无法从上市公司审计项目负责人的变动中直接判断出项目负责人是主动变更还是被动变更,因此无法准确剔除主动变更项目负责的样本。尽管如此,为了尽量的区分开这两个替代性解说,我们进行了如下检验。检验的逻辑是:如果事务所迫于客户压力更换项目负责人,那么我们应该观察到客户压力越大,越可能更换项目负责人。但是假如项目负责人选择主动离开那些"差"公司,那么我们应该观察到项目负责人的声誉越高,越可能离开那些"差"公司(收到非标审计意见的公司)。

我们用客户重要性替代客户压力,因为客户越重要那么客户可以施加更大的压力。因此如果"被动"假说成立,那么客户重要性应该对项目负责人变更有显著的影响。为了衡量项目负责人的"声誉",我们用项目负责人前期负责的上市公司审计项目数来衡量,如果前期负责的项目数越多,那么项目负责人的声誉越高,反之,则越低。因此如果"主动"假说成立,那么项目负责人"声誉"应该对项目负责人变更有显著的影响。

表6-13报告了检验的结果,从中可以发现:检验结果支持项目负责人被动变更的假说,而项目负责人主动变更的假说没有被支持。从表中第1列可见,当把 REPUTATION 和 CI1 同时放入模型中时,REPUTATION 不显著,而 CI1 显著为正。在表格第2和第3列,我们分别依次加入 REPUTATION 和 CI1,结果仍然不变。尽管我们对项目负责人"被动"变更还是"主动"变更的区分只进行了初步的尝试,但这些证据总体上支持项目负责人的变更是"被动"的。

表6-13 项目负责人被动变更 VS 项目负责人主动变更

变量	(1) AUDCH	(2) AUDCH	(3) AUDCH
REPUTATION	−0.017 [−0.692]	−0.024 [−0.982]	
CI1	1.840* [1.655]		1.953* [1.766]

(续表)

变量	(1) AUDCH	(2) AUDCH	(3) AUDCH
BIG	0.522** [2.540]	0.461** [2.284]	0.496** [2.458]
LOSS	0.01 [0.032 2]	0.012 [0.040 4]	0.006 [0.020 1]
ABS_DA_PERF	−0.817 [−0.536]	−0.75 [−0.494]	−0.864 [−0.567]
LEV	−0.868 [−1.617]	−0.828 [−1.546]	−0.877 [−1.635]
ROA	0.328 [0.154]	0.37 [0.175]	0.355 [0.167]
SIZE	−0.185* [−1.863]	−0.113 [−1.266]	−0.191* [−1.932]
AGE	−0.052** [−2.174]	−0.056** [−2.365]	−0.051** [−2.139]
TEN5	1.346** [2.498]	1.310** [2.431]	1.356** [2.516]
CONSTANT	−4.763** [−2.266]	−3.399* [−1.757]	−4.811** [−2.290]
样本量	779	779	779
虚拟拟合优度	0.036	0.033	0.035

注：因变量为 AUDCH 表示项目负责人变更，REPUTATION 表示项目负责人的声誉，CI1 表示客户重要性，其他变量定义见表 4-1。括号内为 T 值；*、**、*** 分别表示双尾检验的显著性水平为 10%、5% 和 1%。

2.5 小结

本节发现项目负责人变更会导致审计意见购买。前期获得非标审计意见的公司，更换项目负责人后，能够显著地改善审计意见。客户越重要，越可能出现更换项目负责人达到审计意见购买。事务所的规模可以"抑制"这种审计意见购买行为。中国注册会计师协会对事务所变更的监管会影响上市公司对审计意见购买手段的选择。此外，我们发现项目负责人更换后，后任项目负责人的执业经验明显的更少。

第7章 项目负责人—客户关系与会计师事务所变更[①]

1 引言

中国是一个关系型社会,社会关系在经济活动中扮演着重要作用。人们对关系网内的人具有高度的信任,而对关系网之外的人却又存在普遍的不信任(Fei,1948;Weber,1951)。因此中国人往往与有关系的人进行交易,进而形成"熟人"社会。审计业务同样不能例外。当上市公司选择事务所时,它自然会选择与自己关系密切的事务所。由于事务所与客户之间的关系实质上存在于签字会计师与客户的关系水平上,因此会计师—客户关系会影响客户对事务所选择和变更决策。

在中国,会计师—客户关系显得尤为重要还有以下两点原因。第一,会计师—客户关系对事务所保留客户非常重要。李爽和吴溪(2006)发现事务所与客户之间的长期业务关系通常由负责该上市公司审计业务的签字会计师维系。刘峰等(2002)在对中天勤"倒塌"后其客户流向的分析中发现,38%的客户跟随原签字会计师变更到新的事务所中,客户选择与原签字会计师"共进退"。这也导致事务所在内部考核中十分重视会计师—客户关系。陈波(2011)对71家事务所127位合伙人的调查问卷表明,绝大多数情形下签字会计师掌握着客户资源,会计师—客户关系在合伙人的业绩评价和职业晋升中占有重要的地位。第二,中国审计市场的行业集中度相对较低、事务所之间的竞争仍然非常激烈,这进一

[①] 为了与会计师—客户关系文献相匹配,同时也为了行文方便,本书在本部分用"签字会计师"来替代"项目负责人"。

步加重了会计师—客户关系在维系客户方面的重要性。由于客户对高质量的审计需求还比较低(DeFond 等,1999),在客户与事务所之间的博弈中,客户通常具有较高的"讨价还价"能力。在这一情形下,事务所需要通过特殊的手段,包括密切的会计师—客户关系,来保留客户。在很大程度上,事务所能否继续保持客户的审计服务或进一步提供其他附加值服务依赖于负责该客户的合伙人与客户的关系密切程度(Frankwick 等,2001;Ye 等,2011)。

由于会计师—客户关系很难衡量,一方面我们无法从公开数据获知会计师与客户之间的关系,另一方面从"私下"或"传闻"中获知的会计师与客户关系又无法得到验证,因此本书不直接对会计师—客户关系进行衡量,相反我们采用签字会计师离职导致的会计师与客户"分离"或关系的断裂来测度会计师—客户关系的价值。

我们根据签字会计师的去向,将上一年签字但今年不再签字的会计师(简称为:会计师离职)区分为两种情形:第一种情形下,签字会计师虽然不再签字,但他/她仍然待在原事务所中(我们将其称为 NSBS 情形,是 not-signing-but-staying 的缩写);在这一情形下,会计师仍留在原事务所,但由于会计师不再签字,会计师与客户的关系受到了一定程度上的削弱。在第二种情形下,离职会计师离开了原事务所。在这一"跳槽"情形下,原事务所失去了这名会计师,"跳槽"情形意味着事务所与客户的关系随着原签字会计师的离去而断裂。利用会计师离职来衡量事务所—客户关系削弱或断裂具有一定的优势:一方面,会计师离职与事务所—客户关系机械相关,会计师的离职会导致事务所—客户关系的削弱或断裂;另一方面,会计师离职很大程度上是会计师自愿离职或者事务所迫使其离职,而与客户不相关。因此,在很大程度上避免了内生性问题。

研究发现,如果会计师离职,那么由他/她审计的客户也会倾向于更换事务所,且客户变更事务所的可能性随着会计师—客户关系的削弱程度的增加而增加。我们进一步发现,当任期较长的签字会计师离职时,客户发生变更事务所的可能性更高。这些结果表明,会计师—客户关系能够为事务所保留客户,对于事务所而言具有重要价值。

本书的贡献在于以下几个方面。第一,与现有关于会计师"跳槽"的文献相比,本书的研究视角有所不同。现有文献主要关注两个问题:①哪些因素影响客户跟随还是不跟随签字会计师?②这种跟随行为(用来识别会计师—客户关系)是否影响了会计师事务所的独立性,进而降低审计质量。王少飞等(2010)尝试回答第一个问题,他们发现跳槽之前客户的盈余管理程度越高,客户越可能跟随签字会计师变更到新的事务所中。另外一些学者(Blouin et al. 2007；Chen, Liu et al. 2009；Chen, Su et al. 2009；Chen et al. 2010)探讨了第二个问题,他们发现这些跟随签字会计师的客户,在变更后第一年并不一定能够获得更"友好"的审计意见。但在跟随后第二年和第三年的审计质量却显著地下降(Chen et al. 2009)。总之,这些研究认为保持或者获得更"友好"的审计意见是客户变更事务所、跟随签字会计师的原因。与已有观点不同,本书试图提出另外一种解释即基于会计师—客户关系的资产专用性投资假说。我们的实证结果也支持资产专用性投资假说而不是低质量审计需求假说。第二,当考察会计师—客户关系的削弱对客户换所的影响时,我们的数据能够进一步考察事务所与客户关系的不同受损程度。第三,当签字会计师跳槽时,客户依次要做出两步决策：第一步决策是客户选择是否变更事务所,如果第一步的决策是换所,才有第二步决策：是否变更到与原签字会计师相关联的事务所。从现有文献看,绝大多数都是直接研究第二步决策。即在给定客户换所的情况下,客户是否跟随签字会计师及其动因和相关经济后果,未对客户第一步决策进行研究。我们认为第一步决策更基础,客户只有在做出选择变更事务所的决策后,才需要决定是否跟随原签字会计师(Xue et al. 2013)。

本书以下部分的结构安排如下：第二部分是理论分析和研究假说的发展；第三部分是研究设计；第四部分是实证分析；第五部分总结全文。

2 理论分析和研究假说

会计师与客户之间的关系往往是注册会计师的一项重要资源。会计师—客户关系的重要特性是它是依附于会计师身上的,而事务所通过拥有注册会计师间接地拥有了这一资源。会计师—客户关系是一种资产专有性投资。会计师与客户互相间通过长时间的谈判、了解、沟通和协调,形成了双边垄断的关系(Fama 和 Jensen,1983；Klein et al. 1978)。从会计师的角度看,在审计初始阶段会计师要花费巨额的启动成本(start-up cost)。从本质上来讲这些投资是客户专有的,即投资不能从这个客户身上转移到另一个客户身上。会计师对客户的专有性投资可以分为两部分,一部分是会计师与客户签订审计业务约定书之前所花费的成本,这些成本包括但不限于搜寻成本、谈判成本以及对审计收费的讨价还价成本。另一部分是在审计业务约定书签定之后,会计师为了解客户基本情况,如公司组织结构、子公司数目以及公司业务流程所付出的成本。

从客户的角度看,客户也会对会计师进行资产专用性投资,这些投资体现为客户与会计师进行沟通过程中所花费的金钱、时间和精力。为了使会计师出具一个合理的审计意见,客户必须要让会计师了解公司的经营状况、公司的财务系统和财务报告惯例。这些成本就是所谓的审计支持成本(support cost)。美国审计总署(GAO)(2003)的调查结果表明,审计支持成本占初始年度审计收费的11%甚至更高。

此外,签字会计师与客户之间的私人关系也是客户与签字会计师之间的资产专有性投资。以朋友关系为例,客户对原签字会计师之间的友情投资是专有性投资,因为对事务所的其他会计师而言,原签字会计师与客户之间的友情是不能通过"市场"转让和继承的。客户与会计师互相专有性投资的后果就是,客户与会计师之间形成双边绑定。因此,客户不会轻易选择更换事务所。因为一旦更换事务所,原先的专有性投资将大幅减值甚至归零。从这个意义上看,客户与会计师之间的专有性投资可以看成是一种约束换所的机制。但是如果原会计师脱离了事务所,由于客户对事务所的专有性投资远远小于对会计师的专有性投资(因为客户沟通的对象是会计师而不是事务所。如果是属于私人关系,则客户仅对会计师有资产专有性投资,对事务所没有资产专有性投资或投资很少),事务所将失去约束客户换所的机制。由于审计市场存在激烈的竞争(DeFond et al. 1999;刘峰等 2002;夏立军 2006),那么如果失去会计师—客户关系这一重要约束机制,对事务所而言,可能意味着丧失客户。这些客户可能跟随原签字会计师跳槽到新的事务所,也可能选择另外的与其有关系的事务所。无论何种原因,我们都可以预见这些客户都会有较高的可能性变更事务所,尤其是当原签字会计师跳槽时这种可能性更大。基于以上分析,我们提出假说1。

假说1:如果会计师—客户关系因为签字会计师离职或者跳槽而削弱或断裂,那么其审计的上市公司更倾向于变更事务所。

如前所述,离职的签字会计师可能继续待在原事务所,也可能离开原事务所。对于离开原事务所的情形,签字会计师可能是由于退休、也可能是由于离开审计行业或者跳槽到另外一家事务所。对于跳槽到另外一家事务所的情形,新的事务所可能拥有证券审计资格[①],也可能没有证券审计资格。如果原签字会

[①] 在中国,并非所有的事务所都能提供上市公司审计服务。只有那些具有证券审计资格的事务所才能提供上市公司审计服务。

计师跳槽到一家没有证券审计资格的事务所,那么即使客户愿意跟随原签字会计师,也无法跟随。如果原签字会计师跳槽到一家仍然有证券审计资格的事务所,那么客户可以跟随原签字会计师以保持原有的会计师—客户关系。因此,我们将离职的会计师重新划分为三种情况:①不再签字但仍然待在原事务所的会计师(NSBS);②跳槽到没有证券审计资格事务所的会计师(partners without certificate,简称 PWOC),包括跳槽到没有证券审计资格事务所的情形、离开审计行业的情形和退休的情形;③跳槽到具有证券审计资格事务所的会计师(partners with certificate,简称 PWC)。我们预期,在以上 3 组中,PWC 组的客户变更事务所的概率最高。因为在这一组中,一方面原事务所丧失了会计师及依附于其身上的会计师—客户关系,另一方面客户能够跟随签字会计师到新的事务所以保持原有的资产专有性投资。NSBS 组客户变更事务所的概率最低。因为在这一组中,会计师虽然不在客户的审计报告上签字,但仍然待在原事务所中。PWOC 组中客户变更事务所的概率应该介于 PWC 组和 NSBS 组之间。总之,客户变更事务所的可能性在签字会计师离职时比没有离职时高。对于会计师离职的情形,客户变更事务所的可能性在 NSBS 组、PWOC 组和 PWC 三组中应依次增加。

在前面理论分析部分,我们论证了会计师离职会对客户变更事务所产生影响。会计师—客户关系对事务所而言,一方面成为约束客户换所的重要机制,另一方面随着会计师的"跳槽",事务所随之丧失这一重要资源,进而失去上市公司客户和相应的审计收费。因此,会计师与客户的关系越强,会计师离职对客户变更事务所的影响就越大。签字会计师的任期是形成会计师—客户关系的重要影响因素。一般说来,签字会计师的任期越长,会计师与客户的关系也越强。所以我们预测当任期较长的签字会计师离职时,客户变更事务所的可能性越大。为此,我们提出假说 2。

假说 2:在两位签字注册会计师中,相对于任期较短的签字会计师离职,任期较长的签字会计师发生离职时,客户变更事务所的可能性更大。

3 研究设计

3.1 样本选择和数据来源

为了验证前文提出的假说,本书以 1998—2008 年期间 A 股上市公司为样本,删除了当年 IPO 样本、退市样本以及变量缺失的样本。我们用签字会计师在 t-1 年为事务所签字但在 t 年却不再为其签字来衡量会计师离职。然而,如果签字会计师只为一家客户签字,那么当客户由于自身原因选择变更事务所时,该签字会计师有可能被错误的定义为 NSBS 会计师。因此我们剔除了只负责签字一家客户的样本。经过以上的样本选择程序,我们最终得到 10 440 个观测。

本书数据来自国泰君安的 CSMAR 数据库。为了将离职会计师区分成 NSBS、PWOC 和 PWC 情形,我们从中国证监会和中国注册会计师协会网站手工收集了签字会计师个人信息数据。最后,我们对所有连续变量进行了 1% WINSORIZE 处理以控制极值影响。

3.2 变量定义和模型选择

为检验假说 1,我们设计如下回归模型:

$$Switch = \beta_0 + \beta_1 RelationBreak + \beta_2 Opn + \beta_3 Issue + \beta_4 Mgtch + \beta_5 DROA + \beta_6 Growth + \beta_7 DSize + \beta_8 DLev + \beta_9 Ten5 + \beta_{10} Loss + \beta_{11} Age + \sum_{i=0}^{n} Ind\_i + \sum_{j=0}^{M} Year\_j + \varepsilon \tag{7.1}$$

$Switch$:哑变量。代表上市公司是否变更事务所,发生变更取值为 1,否则取值为 0。

$RelationBreak$ 用来衡量会计师事务所与客户关系的削弱程度。我们分别设计了 $NonSigning$、$NonSigning\_Dum$、$NonSigning\_Stay$、$Hopping\_Without$ 和 $Hopping\_With$ 代表不同程度的关系削弱。$NonSigning$ 衡量不再签字的会计师数量。当 t-1 年为某家上市公司签字的两位会计师中的一位在 t 年不再为其签字时等于 1,当两位签字会计师都不再签字时等于 2,否则等于 0。$NonSigning\_Dum$ 是哑变量,当 $NonSigning$ 等于 1 或 2 时取值为 1,否则为 0。我们将会计师离职情形进一步具体化为以下 3 种状态:$NonSigning\_Stay$ 为哑变量,会计师不再签字但仍留在原所时为 1,否则为 0。$Hopping\_Without$,当签字会计师跳槽到无证券审计资格事务所、退休或者离开审计行业时取值为 1,否则为 0。$Hopping\_With$ 亦为哑变量,当原签字会计师跳槽到有证券审计资格事务所时取值为 1,否则为 0。基于 $NonSigning\_Stay$、$Hopping\_Without$、

$Hopping\_With$,我们设计了另外两个变量:$Hopping$ 和 $NonSigning\_Order$。当 $Hopping\_Without$ 或 $Hopping\_With$ 等于 1 时,$Hopping$ 取值为 1,否则为 0。$NonSigning\_Stay/Hopping\_Without/Hopping\_With$ 等于 1 时,$NonSigning\_Order$ 分别取值为 1/2/3,否则为 0。

Opn 为哑变量,当客户获得非标审计意见时为 1,否则为 0。$Issue$ 为公司是否在当年有增发或配股,有则为 1,否则为 0。$Mgtch$ 用来表示上市公司的董事长或总经理是否发生变更,变更为 1,否则为 0。$Ten5$ 为哑变量,用来控制会计师强制轮换。2003 年后如果会计师连续签字满 5 年则为 1,否则为 0。$Loss$ 为哑变量,亏损为 1,否则为 0。

此外,我们在回归模型中加入 $DROA$、$Dlev$、$DSize$、$Growth$、Age。$DROA$ 等于 t 期的总资产收益率减去 $t-1$ 期的总资产收益率,$DLev$ 等于 t 期的总资产负债率减去 $t-1$ 期的总资产负债率,$DSize$ 是 t 期的总资产对数减去 $t-1$ 期的总资产对数。这些变量分别用来控制公司盈利能力的变动、负债率的变动和规模的变动。$Growth$、Age 分别代表公司的成长能力和上市年限。最后,在回归模型中加入行业虚拟变量和年份虚拟变量。

针对假说 2,我们用签字会计师的相对任期来刻画会计师与客户关系的紧密程度。会计师的审计任期越长,会计师—客户关系亦越强;会计师的审计任期越短,会计师—客户关系亦越弱。具体地我们建立如下回归模型检验假说 2:

$$Switch = \beta_0 + \beta_1 Long + \beta_2 Opn + \beta_3 Issue + \beta_4 Mgtch + \beta_5 DROA + \beta_6 Growth + \beta_7 DSize + \beta_8 DLev + \beta_9 Ten5 + \beta_{10} Loss + \beta_{11} Age + \sum_{i=0}^{n} Ind\_i + \sum_{j=0}^{m} Year\_j \quad (7.2)$$

中国独立审计准则规定必须由两名注册会计师来签署审计报告。$Long1$ 是哑变量,当离职会计师是两位签字会计师中任期较长者时取值为 1,否则取值为 0。$Long2$ 是离职会计师的任期除以另外一位未离职会计师的任期。$Long3$ 是离职会计师任期与未离职会计师任期的差异,用离职会计师任期减去未离职会计师任期来表示。根据假说 2,$Long$ 的系数预期显著为正。模型(7.2)的其他变量定义与模型(7.1)相同,不再赘述。

4 多元回归

4.1 对假说1的检验

表7-1中列示了事务所变更对会计师—客户关系削弱的回归分析。在Panel A中,因变量是事务所变更(Switch),自变量是会计师离职($t-1$年的会计师是否在t年继续为客户签字)。在回归(1)中,自变量是Nonsigning,在回归(2)中,自变量是NonSigning_Dum。从表中可见,NonSigning 和 NonSigning_Dum 的系数均显著为正,说明当签字会计师离职时,客户更可能变更事务所。

在Panel B中,我们根据去向进一步区分离职会计师。因变量仍然为Switch。在回归(1)中,我们将NSBS组(NonSigning_Stay=1)和会计师未离职组(NonSigning_Dum=0)混合到一起。NonSigning_Stay的系数为正且显著。这说明,与会计师未离职组相比,事务所与客户的关系在NSBS组中受到了削弱,进而导致了客户变更事务所。在回归(2)中,我们将PWOC组(Hopping_Without=1)和会计师未离职组(NonSigning_Dum=0)混合到一起。Hopping_Without的系数显著为正。在回归(3)中,我们将PWC组(Hopping=1)和会计师未离职组(NonSigning_Dum=0)混合到一起。Hopping的系数显著为正。我们进一步检验了回归模型系数之间的差异,结果列示于Panel B的最后两行。结果显示,Hopping_Without的系数显著高于NonSigning_Stay的系数;Hopping_With的系数显著高于Hopping_Without的系数。这意味着,随着关系的削弱程度在NSBS组、PWOC组和PWC组逐步上升,客户变更事务所的可能性也在上升。

在回归(4)中,我们采用全样本,并将NonSigning_Stay、Hopping_Without 和 Hopping_With 都放入回归模型中。结果显示,它们的系数都显著为正。未呈报的结果表明Hopping_With的系数显著大于Hopping_Without,Hopping_Without的系数显著大于NonSigning_Stay。在回归(5)中,自变量是Hopping,其回归系数亦显著为正。这说明,如果签字会计师离开原事务所,其审计的客户更可能变更会计师事务所。最后,我们根据关系的削弱程度对NonSigning_Stay、Hopping_Without 和 Hopping_With 进行排序,NonSigning_Stay=1时 NonSigning_Order 取值为1;Hopping_Without=1

时 $NonSigning\_Order$ 取值为 2；$Hopping\_With=1$ 时 $NonSigning\_Order$ 取值为 3；否则为 0。从表 7-2 $Panel\ B$ 的第 6 列可知，$NonSigning\_Order$ 的系数仍然显著为正。

在 $Panel\ A$ 和 $Panel\ B$ 中，因变量是 $Switch$。在 $Panel\ C$ 中，我们进一步区分客户变更会计师事务所后的去向。$SwitchFollow$ 表示客户是否跟随原签字会计师。如果客户变更会计师事务所并且跟随原签字会计师则为 1，否则为 0，由于客户是否跟随只能发生在签字会计师跳槽到有证券审计资格事务所的情形，因此，考察变量为 $Hopping\_with$。结果显示，$Hopping\_With$ 的系数为 1.117 且显著为正。

综合表 7-1 的多元回归结果，我们有如下发现：①当原会计师不再为某一客户签字时，该客户更换会计师事务所的可能性显著增加。②随着事务所与客户关系的削弱程度的加重，客户变更会计师事务所的可能性越大。③当原签字会计师跳槽到具有证券审计资格的新会计师事务所时，客户更可能跟随他/她变更到同一家事务所。上述结果都表明会计师—客户关系对事务所留住客户具有重要作用。

表 7-1　签字会计师离职与事务所变更—多元回归分析

$Panel\ A$：会计离职 VS 不离职

自变量	因变量：$Switch$	
	(1)	(2)
$NonSigning$	1.498*** ［26.87］	
$NonSigning\_Dum$		1.266*** ［16.15］
Opn	0.743*** ［6.674］	0.647*** ［6.019］
$Issue$	0.177 ［1.037］	0.21 ［1.267］
$Mgtch$	0.390*** ［4.795］	0.388*** ［4.998］
$DROA$	−0.449 ［−0.993］	−0.362 ［−0.829］
$Growth$	0.122* ［1.907］	0.111* ［1.825］

(续表)

Panel A：会计离职 VS 不离职

自变量	因变量：Switch	
	(1)	(2)
$DSize$	−0.214	−0.231
	[−1.021]	[−1.159]
$DLev$	0.681*	0.757**
	[1.767]	[2.023]
$Ten5$	−1.543	−1.537
	[−1.486]	[−1.514]
$Loss$	0.595***	0.560***
	[4.651]	[4.600]
Age	−0.007	−0.009
	[−0.566]	[−0.757]
$Constant$	−3.490***	−3.058***
	[−10.38]	[−10.08]
$Observations$	10 440	10 440
$Pseudo\ R^2$	0.158	0.089

Panel B：追踪离职会计师的去向

自变量	因变量：Switch					
	(1)	(2)	(3)	(4)	(5)	(6)
$NonSigning\_Stay$	0.712***			0.588***		
	[3.182]			[2.677]		
$Hopping\_Without$		1.080***		0.881***		
		[10.04]		[8.402]		
$Hopping\_With$			2.351***	2.109***		
			[19.92]	[18.35]		
$Hopping$					1.342***	
					[16.51]	
$NonSigning\_Order$						0.613***
						[18.25]
控制变量	控制	控制	控制	控制	控制	控制

χ^2 test for $Nonsigning\_Stay$ and $Hopping\_Without=11.71$***

χ^2 test for $Hopping\_Without$ and $Hopping\_With=116.07$***

(续表)

Panel B：追踪离职会计师的去向

自变量	因变量：Switch					
	(1)	(2)	(3)	(4)	(5)	(6)
Observations	8 825	9 534	9 036	10 440	10 440	10 440
$AdjR^2$	0.059	0.071	0.116	0.103	0.09	0.10

Panel C：追踪客户的去向

自变量	因变量：SwitchFollow	
	系数	Z值
Hopping_With	1.101***	[7.674]
Opn	0.587***	[4.886]
Issue	0.216	[1.171]
Mgtch	0.358***	[4.063]
DROA	−0.512	[−1.041]
Growth	0.105	[1.544]
Dsize	−0.076	[−0.343]
Dlev	0.373	[0.895]
Loss	0.656***	[4.895]
Age	0.006	[0.407]
Constant	−3.069***	[−8.750]
Observations	9 270	
$AdjR^2$	0.053	

注：***，**，*分别代表在0.01,0.05和0.1水平上显著。

4.2 对假说2的检验

表7-1的结果表明会计师离职会导致其审计的客户变更会计师事务所。接着我们要检验当与客户关系相对更加紧密的签字会计师离职时，客户换所的可能性是否更大。我们用签字会计师的任期来代表会计师与客户关系的密切程度。会计师的任期越长，会计师与客户的关系越密切。为了检验假说2，样本需要符合以下条件：(1) $t-1$年签字的两位会计师中，在t年有一位离职而另一位未离职；(2) 两位签字会计师具有不同的审计任期。我们分别定义了$Long1$,$Long2$,$Long3$来衡量离职会计师与未离职会计师在审计任期上的差异。根据

假说 2，Long1-Long3 的系数应该显著为正。

表 7-2 的结果表明，用来衡量离职会计师与客户关系紧密程度的变量 $Long1, Long2, Long3$ 的系都为正，且在 1% 水平下显著。假说 2 得到了很好的支持。在两位签字会计师中，相对于任期较短的签字会计师离职，当任期较长的签字会计师发生离职时，客户变更会计师事务所的可能性更大。

表 7-2 会计师与客户关系的密切程度与事务所变更

变量	(1) $Long1$	(2) $Long2$	(3) $long3$
$Long1$	2.936*** [4.999]		
$Long2$		1.661*** [4.051]	
$Long3$			1.169*** [3.493]
控制变量	控制	控制	控制
$Observations$	269	229	229
$AdjR^2$	0.366	0.365	0.365

注：***，**，* 分别代表在 0.01，0.05 和 0.1 水平上显著。

此外，我们还进行了一系列稳健性检验以及替代性假说的排除，比如对竞争性替代假说，低质量审计需求假说的检验等等。篇幅所限，不再赘述。

5 结论

中国文化带有明显的"关系"特征。在经济交往中，"关系"成为一种特殊的资源。具体到审计市场中，事务所与客户的关系实际上必须物化到人与人之间的关系，即为客户进行审计的会计师和客户之间的关系。这一关系是在客户搜寻和审计过程中长期形成的、建立在双方相互的专用性投资的基础之上。会计师和客户之间这个关系链如果弱化或断裂，必然影响到原事务所与客户之间的关系。

基于上述逻辑，本书研究了会计师离职对客户更换事务所的影响。我们发现，如果负责某家上市公司年报审计业务的签字会计师不再为原事务所签字或离开原事务所，那么由该会计师负责签字的客户更换会计师事务所的可能性显著增大。尤其是当签字会计师跳槽到一家具有证券审计资格的事务所时,客户变更会计师事务所的可能性最高,因为此时客户可以通过跟随签字会计师以保持相互之间的专有化投资。另外我们还发现,客户换所的可能性随着离职会计师与客户关系密切程度的增加而上升。如果离职会计师是两位会计师中任期较长者,那么客户变更会计师事务所的可能性更大。这些结果表明,会计师与客户之间的专有化投资可以帮助事务所留住客户,会计师—客户关系对于事务所而言具有重要价值。

第8章 项目负责人行业专长、审计任期与审计质量[①]

1 引言

中国证监会和财政部于2003年联合发布了《关于证券期货业务签字注册会计师定期轮换的规定》(以下简称定期轮换规定),要求签字注册会计师连续为某一相关机构提供审计服务不得超过5年。监管层实施这一政策的前提是签字注册会计师的长审计任期可能会降低审计质量。然而,签字会计师的长审计任期是否真的会导致审计质量的下降?在何种条件下会导致审计质量的下降?由于很多国家并不披露签字会计师的信息,关于签字会计师审计任期对审计质量影响的研究还不够充分,研究也远未定论。如 Carey 和 Simnett(2006)发现签字会计师的审计任期与审计质量负相关,另外一些研究则发现签字会计师审计任期不仅不会导致审计质量下降,还会提高审计质量(Chen et al. 2008;刘启亮等 2008;Chi et al. 2009)。

审计质量是审计师发现并报告财务报告误述的联合概率(DeAngelo 1981)。其中前者主要由审计师的专业胜任能力决定,而后者主要由审计师的独立性所决定。审计任期对审计质量的影响也主要体现在对审计师专业胜任能力和独立性两个方面的影响。从现有研究看,一方面,随着审计师任期的延长,审计师将获得更多的客户特定知识,对客户的特定风险也更了解,同时也减少了对管理者估计的依赖,进而提升其专业能力,最终导致审计质量的提高(Petty and

---

[①] 为了与行业专长、审计任期文献相匹配,同时也为了行文方便,本书在本部分使用"签字会计师"来替代"项目负责人"。

Cuganesan 1996；Myers et al. 2003)。本书将这一关系称为审计任期的客户特定知识效应。另一方面，随着审计任期的延长，会计师与客户之间的关系过于熟络(Familiarity Threat)，以及自身利益关系的束缚(Self-Interest Threats)，这些关系影响了审计师的独立性[Mautz and Sharaf 1961；IESBA (International Ethics Standards Board for Accountants) 2010]。本书称为审计任期的独立性效应。综上，审计任期对审计质量的影响主要取决于客户特定知识效应和独立性效应这两种效应的相对大小，当客户特定知识效应大于独立性效应时，审计任期能够提高审计质量；相反，当独立性效应大于客户特定知识效应时，长审计任期反而会降低审计质量。

从现有文献看，签字会计师审计任期的经验证据总体上支持客户特定知识效应强于独立性效应，即审计任期能够提高审计质量(Chen, Lin et al. 2008；Manry et al. 2008；刘启亮，余宇莹等 2008；Chi, Huang et al. 2009)。但值得探究的一个问题是：这一结果是否在不同特征的样本公司之间存在差异？对审计任期和审计质量关系产生影响的路径有二。其一为私人关系。例如，当签字会计师与客户私人关系较好时，审计任期对独立性的影响可能较大，此时审计任期的延长是否仍然能够提高审计质量？刘启亮和唐建新(2009)发现，在不存在私人关系的情况下，签字会计师任期越长，审计质量越高。在存在私人关系的情况下，签字审计师任期越长，审计质量越差。这是一个重要的问题，因为如果在私人关系的样本中审计任期的延长会降低审计质量，那么签字会计师轮换政策就能够在这些样本公司中产生作用，提高审计质量。本书则考虑另一条路径，即审计任期的客户特定知识效应。具体地，我们考察审计师行业专长对审计任期客户特定知识效应的影响。审计任期的客户特定知识效应能够发挥作用的一个重要前提是：初始审计阶段审计师掌握的客户特定知识较少。此时随着审计任期的延长，客户特定知识有一个增量的积累，因此审计质量提高。但如果审计师是客户所在行业的行业专长审计师，那么在初始审计阶段审计师所掌握的客户特定知识的存量水平就已经较高，因此随着审计任期的延长，客户特定知识积累的增量较小，即审计任期的客户特定知识效应被削弱。需要说明的是，本书考察的是行业专长对审计任期与审计质量关系(具体而言，对审计任期客户特定知识效应)的影响，而不是直接考察行业专长对审计质量的影响或其是否会受到独立性的影响。

据此，本书利用签字会计师强制轮换制度实施之前 1998—2002 年上市公司数据,检验签字会计师行业专长对审计任期与审计质量之间关系的影响。研究发现,会计师长审计任期能够提高审计质量,但主要是体现在签字会计师缺乏行业专长的时候。而当会计师具有行业专长时审计任期与审计质量之间的正相关关系减弱。这说明,当会计师缺乏行业专长时,审计任期延长带来的客户特定知识效应超过了独立性降低的负面效应。而当会计师具备行业专长时,审计任期延长带来的客户特定知识效应并不明显,审计任期与审计质量的正相关关系受到显著削弱。

本书的贡献体现在以下方面:①目前基于会计师水平的研究已成为国内外审计研究的一个热点问题(DeFond and Francis 2005)。本研究将行业专长和审计任期对审计质量的影响拓展到签字会计师水平,丰富了签字会计师水平的研究。此外在拓展Gul等(2009)时,我们不仅仅从签字会计师这一"微观"的层面考察审计任期问题,而且还发现同时考察事务所审计任期和签字会计师审计任期时,签字会计师的审计任期更加重要,同时考察事务所行业专长和签字会计师行业专长对审计任期与审计质量关系的影响时,签字会计师行业专长更加重要。②我们研究结果表明,由于行业专长与审计任期的客户特定知识效应存在替代关系,因此在行业专长审计师样本中长审计任期带来的主要是独立性的下降。一个符合逻辑的推论就是,如果对行业专长签字会计师进行强制轮换,那么在提高审计师的独立性的同时,对审计师专业胜任能力的影响较小,因此强制轮换的效果较好。③最后,在技术层面上,本书在对国内基于事务所水平的行业专长拓展到签字会计师水平的行业专长时,提供了多种基于市场份额法的衡量方式,可以为以后的研究提供借鉴和参考。

本书其余部分安排如下:第二部分在回顾相关文献的基础上进行理论分析并提出研究假说;第三部分为研究方法设计;第四部分为实证结果呈报和解释;最后为结论和政策建议。

2 文献评述和研究假说

早在20世纪70年代,美国的监管部门就注意到审计任期可能会影响审计质量,此后就是否进行强制审计轮换进行了广泛的讨论。例如,美国参议院U. S. Senate(1977)认为,公司与会计师事务所之间的长期聘任关系将导致事务所与其客户管理层的利益密切相关,因此事务所很难独立发表审计意。而解决这一问题的一个办法就是对事务所进行定期轮换。美国证监会(SEC)和美国注册会计师协会(AICPA)也持有类似的观点,认为长审计任期将会导致会计盈余质量的下降,而事务所强制轮换是一个可能的解决办法[AICP(American Institute of Certified Public Accountants) 1978;SEC 1994]。从现有文献看,审计任期研究主要从两个层面展开——基于事务所审计任期水平的研究和基于会计师审计任期水平的研究。由于本书的研究基于会计师水平,因此对事务所水平的审计任期研究只做简单的述评。

从事务所水平看,长审计任期可能损害审计独立性,进而降低审计质量(Mautz and Sharaf 1961;Dopuch et al. 2001;Davis et al. 2009)。监管部门一般也认为审计任期会损害审计质量,要求进行审计强制轮换[AICPA(American Institute of Certified Public Accountants) 1978;SEC 1994]。但是更多证据表明,审计任期非但没有降低审计质量,相反,长审计任期还能提高审计质量(Geiger and Raghunandan 2002;Johnson et al. 2002;Myers,Myers et al. 2003;Ghosh and Moon 2005;夏立军等 2005;陈信元和夏立军 2006;刘启亮 2006;Gul,Fung et al. 2009)。审计任期与审计质量的关系也并不一定是简单的线性关系,可能成倒 U 型关系(陈信元和夏立军 2006;刘启亮 2006)

以上研究都是从会计师事务所水平展开的,但是有必要从会计师水平研究审计任期对审计质量的影响,因为签字会计师主导整个审计业务活动,对整个审计业务进行指导、监督,而且签字会计师对审计业务的总体质量负责、对审计质量承担领导责任(中国注册会计师协会 2007;吴溪 2009)。签字会计师的审计行为应当与审计质量有更紧密的联系,直接分析签字会计师的任期比事务所任期更为准确(刘启亮,余宇莹等 2008)。需要说明的是,这并不意味着事务所本身就没有任何质量控制。事务所的质量控制可以体现在指派和监督签字会计师上。比如,可以对不遵守执业道德的签字会计师进行处罚或者更换。同时,就像所有的公司治理机制并不完美一样,事务所的质量控制措施也不可能完全消除委派项目负责人之后产生的代理问题。因此事务所层面的因素和签字会计师层面的因素都会对审计质量产生重要影响。中国注册会计师协会和中国证监会对审计行业的监管也体现在事务所层面和签字会计师两个层面。此外,会计师水平的研究与事务所水平的研究可能会得出不同的结论(Francis et al. 1999;Carey and Simnett 2006;Chen et al. 2010)。在 Defond 和 Francis(2005)倡议研究审计行为应更多采用会计师(partner)水平后,开始出现一些基于会计师水平的审计任期研究。Chi 和 Huang（2005）发现审计质量随着审计任期的延长而提高，但达到一定年限后（大致为 5 年），过长的审计任期会降低审计质量。Carey 和 Simnett（2006）发现会计师审计任期的延长会导致审计质量的下降，表现为审计任期降低了出具持续经营审计意见的可能性、提高了盈余达线的可能性。但 Manry 等（2008）以操纵性应计代表审计质量，发现随着签字会计师审计任期越长，操纵性应计水平越低，证明审计质量得到了提高。Chen 等（2008）在控制了事务所审计任期后，同样发现会计师的长审计任期提高了审计质量。Chi 等（2009）则从另外一个角度考察审计任期与审计质量之间的关系，他们直接考察签字会计师轮换的政策效果，结果发现强制变更后的审计质量显著低于变更之前的审计质量，而强制变更组的审计质量与非变更组、前期自愿变更组之间不存在显著差异，他们的研究总体上支持签字会计师强制轮换并没有提高审计质量的结论。国内从签字会计师角度研究审计任期对审计质量影响的文献还比较少，已有研究发现签字会计师的审计任期能提高审计质量，且在长审计任期（大于 5 年）的情况下，任期提高审计质量的效果更加明显（刘启亮，余宇莹等 2008）。但长审计任期提高审计质量是有条件的，如果签字会计师与客户之间存在私人关系或者异常聘任关系，那么长审计任期反而会损害审计质量（刘启亮和唐建新 2009）。通常文献以操纵性应计作为审计质量的替代变量，如果以审计意见作为审计质量的替代变量则签字会计师审计任期与审计质量没有相关性（沈玉清等 2008）。李爽和吴溪（2006）直接从签字会计师轮换的角度考察了签字会计师强制轮换的第一年上市公司审计质量的改善状况。结果发现强制轮换对提高审计质量的作用有限。龚启辉和王善平（2009）考察签字会计师强制轮换的效果，发现签字会计师强制轮换总体上并不能降低操纵性应计，但可以抑制正向的盈余管理。

理论上，关于会计师审计任期对审计质量正面的影响主要有两种解释。首先，随着审计师任期的延长，审计师将获得更多的客户特定知识，对客户的特定风险也更了解，同时也减少了对管理者估计的依赖，进而提升其专业能力，最终导致审计质量的提高（Petty and Cuganesan 1996；Myers，Myers et al. 2003）。这就是前文所述的"客户特定知识效应"。其次，是从低价揽客角度来解释审计任期对审计质量的影响。该理论认为，在低价揽客初期（DeAngelo 1981），由于成本压力，会计师对审计对象的要求有所放松。随着低价揽客成本的收回，失去客户的经济压力逐渐减小，会计师对审计对象的审计也相应变得严格，审计质量因此提高(Gul et al. 2007；Gul，Fung et al. 2009)①。对会计师审计任期与审计质量之间的负相关关系的主要解释是因为长审计任期导致的审计师独立性下降。随着审计任期的延长,会计师与客户之间的关系过于熟络(Familiarity Threat),以及会计师受自身利益关系的束缚(Self-Interest Threats),这些会影响审计师的独立性[Mautz and Sharaf 1961；IESBA（International Ethics Standards Board for Accountants) 2010]。

实务中,审计任期对审计质量影响的正面效应和负面效应并存。依据现有研究,在会计师层面,我们并不了解在何种情况下,正面(或负面)效应占主导地位。由于会计师行业专长与客户特定知识之间存在一定程度上的重合和替代关系,因此给定不同的会计师行业专长水平,审计任期的独立性效应和客户特定知识效应的相对重要性或有不同。具体来说,当会计师对客户所在行业有较多审计经验时,客户特定经验对其审计质量影响的边际效应较小,此时审计任期的"独立性效应"相对增强。当会计师的行业经验较少时,其对客户审计风险的认知更多地依赖对客户本身的了解,此时客户专有知识变得更加重要,客户特定知识效应将起到主导作用。

基于以上分析,我们提出如下假说。

H1：当会计师缺乏行业专长时,客户特定知识效会更强,签字会计师审计任期的延长能够提高审计质量。当会计师拥有行业专长时,客户特定知识效减弱,签字会计师任期的延长对审计质量的提升作用会被弱化。

3 研究方法设计

3.1 样本选择和数据来源

为了验证前文提出的假说,本书以 1998—2002 年间 A 股上市公司为样本。

---

① 因为在任审计师存在成本和技术上的优势,在后续审计年份中可以取得 Quasi-rent,所以在审计市场存在竞争并达到均衡时,会出现 low-balling(低价揽客)的现象(*DeAngelo*，1981),即在初期用较低的价格揽客,然后在后续审计年份中用较高的价格补偿初期的损失。因此当处于审计的初始几年时(即审计任期较短时),审计师会比较宽松地对待客户,目的是为了能够保持审计业务关系,以便在后续年份中收回初始成本(Gul et al.，2009)。而在审计了几年后(即审计任期较长时)已经收回了"低价揽客"的大部分成本,此时失去客户的经济压力较小,对客户较严格,这与 Johson 等(2002)p642 的分析一致。

样本之所以截止于2002年是因为2003年末财政部和证监会发布了《关于证券期货业务签字注册会计师定期轮换的规定》。该规定要求签字注册会计师每5年进行强制轮换。因此2003年及之后的签字会计师任期会受到这一制度的影响。本书剔除了金融类的上市公司、IPO公司和已经退市的公司,因为这些公司的特性与其他公司不同。同时,在按行业计算操纵性应计时,我们要求回归的样本必须大于20,因此剔除了所处行业—年度公司数小于20的样本。本书的上市公司财务数据、行业类型数据均来自国泰君安信息技术有限公司开发的CSMAR数据库。签字会计师数据首先从CSMAR数据库中取得,然后通过多种渠道和方式对数据进行了核对和修正。此外,为了控制极端值的影响,我们对所有模型中的连续变量做了1%的截尾处理。

表8-1列示了样本筛选过程。经过筛选之后,最后的样本公司为3 938家,1998—2002年分别为602家、659家、759家、912家、1 006家。

表8-1 样本筛选过程

	1998年	1999年	2000年	2001年	2002年	合计
各年初始样本数	826	924	1 061	1 139	1 203	5 153
剔除:						
当年IPO样本	106	99	138	82	75	500
金融类公司	5	5	6	7	7	30
不能计算操纵性应计的样本	46	59	82	58	43	288
未披露签字会计师的样本	65	98	73	79	71	386
控制变量缺失	2	4	3	1	1	11
最终样本	602	659	759	912	1 006	3 938

3.2 检验模型和变量设定

我们用分组回归和加入交乘项的两种方式来检验假说,采用交乘项时的具体检验模型如下:

$$|DA| = \alpha + \beta_0 CPATEN + \beta_1 CPATEN \times CAPEXPT + \beta_2 FIRMTEN + \beta_3 FIRMEXPT + \beta_4 FIRMEXPT \times FIRMTEN + \beta_5 BIG + \beta_6 FIRMCH + \beta_7 SIZE + \beta_8 AGE + \beta_9 GROWTH + \beta_{10} OCF + \beta_{11} ROA + \beta_{12} LOSS + \beta_{13} OPN + \beta_{14} LEV + \sum_i^n \beta_i \times ind_i + \sum_j^m \beta_j \times year_j$$

(8.1)

分组回归检验时,我们去掉交乘项,然后分别按行业专长组($CPAEXPT=1$)和非行业专长组($CPAEXPT=0$组)对模型(8.1)进行回归。模型(8.1)中变量含义如下:

因变量为审计质量($|DA|$)。本书采用操纵性应计的绝对值来衡量审计质量,这一方法已经在学术界被广泛采用和接受(Myers,Myers et al. 2003;Carey and Simnett 2006;Blouin et al. 2007;Chen,Sun et al. 2010)。操纵性应计:①调整的横截面JONES模型,分年度分行业进行估计。对其求绝对值,便得到$|DA1|$,$|DA1|$越大,表明操纵性应计越高,公司的财务报表质量越差,审计质量也越差。相反,$|DA1|$越小,则审计质量越好。②分阶段线性回归模型计算操纵性应计(Ball and Shivakumar 2006)。对其求绝对值,便得到$|DA2|$。

此外,稳健性测试中还采用如下衡量方法:①为了控制公司业绩对计算操纵性应计造成的误差(Kothari et al. 2005),我们在计算操纵性应计时用调整的横截面JONES模型控制公司当年业绩后得到操控性应计$|DA3|$。②区分盈余管理的方向,分别用正向盈余管理($DA+$)和负向盈余管理($DA-$)作为审计质量的代理变量。

模型(8.1)中的主要测试变量为签字会计师的审计任期($CPATEN$)。我国的审计报告由两名注册会计师签字盖章[①](财政部 2001),这使得我们可以直接观察到签字会计师任期的数据。在计算签字会计师的审计任期时,从公司上市的年份开始,如果签字会计师在前后两年中都出现,则审计任期增加一年。这样对应每一个公司一年度样本,都有两位签字会计师的审计任期数据,最后我们取两者中较长的签字会计师任期作为最终的签字会计师审计任期。这一定义方法与现有文献一致(Chi and Huang 2005;刘启亮,余宇莹等 2008;沈玉清,戚务君等 2008)。在模型(8.1)中,$CPATEN$ 表示会计师审计任期对审计质量的影响。根据假说1,我们预期在非行业专长组,$CPATEN$ 的系数显著为负。

$CPAEXPT$ 为签字会计师行业专长。目前文献对审计师行业专长的衡量主要有两种方法:行业市场份额法和行业组合份额法(Market Share Approach and Portfolio Approach)。由于行业专长知识随着行业市场份额的增加而增加,因此可以用行业市场份额来衡量行业专长(Hogan and Jeter 1999;Ferguson et al. 2003)。Francis等(2005)把行业中市场份额最大的5大会计师事务所定义

---

① 通常来说这两名签字会计师中一名是主审会计师,另一名签字会计师负责业务复核。

为具有该行业专长的审计师。Reichelt 和 Wang(2010)把在某一行业中拥有最大市场份额的事务所定义为行业专长事务所,并且该事务所的行业市场份额需超过第二名至少 10%或者该事务所拥有的行业市场份额超过 30%。Lim 和 Tan(2010)则认为 2000—2001 年间行业市场份额超过 24%的审计师为行业专长审计师,2002—2005 年间行业市场份额超过 30%的审计师为行业专长审计师。国内学者蔡春和鲜文铎(2007)则把行业市场份额等于或者超过 10%的事务所定义为行业专长事务所。另一种方法是行业组合份额法,它把某一审计师在其所审计行业中市场份额最高的行业作为其专长行业(Hogan and Jeter 1999;蔡春和鲜文铎 2007)。在行业组合份额法下任何审计师都有专长行业,规模较小的事务所在其专长行业即使所占的绝对市场份额较低依然可能被定义成为这一行业的行业专长审计师。本书采用与近期文献(Francis et al. 2005;Lim and Tan 2010;Reichelt and Wang 2010)相一致的方法,以行业市场份额法衡量行业专长。在行业分类标准上,我们采用中国证监会的行业定义标准,除制造业取两位行业代码外,其他行业取一位行业代码。

需要说明的是,以上文献中的行业专长定义都基于事务所水平和事务所分所水平(文献中一般称为审计师),本书需将其拓展到签字会计师水平。我们注意到签字会计师水平的行业专长与基于事务所水平/分所水平的行业专长有两点不同:①在某一行业中签字会计师的数目远远超过这一行业中事务所的数目或事务所分所的数目。②签字会计师水平的行业市场份额小于事务所水平或事务所分所水平的市场份额,因此如果直接套用基于事务所水平行业专长定义中的阈值,例如,取行业市场份额超过 30%或 10%的签字会计师或者取行业市场份额最高者,都不太妥当。为此我们采用以下几种方式定义具有行业专长的签字会计师:

(1) 对每一年的签字会计师按行业市场份额进行排名,取前 20%的签字会计师定义为行业专长签字会计师(CPATEN_20PCT)。

(2) 对每一年的签字会计师按行业市场份额进行排名,取前 20 位签字会计师定义为行业专长签字会计师(CPATEN_20RANK)。

(3) 取每一年行业市场份额等于或者超过 3%的签字会计师为行业专长签字会计师(CPATEN_3PBS)。

其中,签字会计师的年度行业市场份额的具体计算公式如下:

$$CPAEXPT_{ik} = \frac{\sum_{j=1}^{Jik} \sqrt{ASSET_{ijk}}}{\sum_{i=1}^{I}\sum_{j=1}^{Jik} \sqrt{ASSET_{ijk}}}$$

$CPAEXPT_{ik}$ 表示签字会计师 i 在 k 行业的市场份额,分子表示 i 签字会计师所在 k 行业的客户总资产的平方根,分母表示所有签字会计师在 k 行业的客户总资产的平方根。我们分年度计算 $CPAEXPT_{ik}$,由此得到每一年签字会计师的行业市场份额。

在稳健性检验中,我们还尝试了以下衡量方式:①对每一年的签字会计师按行业市场份额进行排名,取前10%的签字会计师定义为行业专长签字会计师;②对每一年的签字会计师按行业市场份额进行排名,取前10位签字会计师定义为行业专长签字会计师;

$CPATEN \times CPAEXPT$ 是 $CPATEN$ 与 $CPAEXPT$ 的交乘项。如果会计师行业专长会削弱审计任期与审计质量的关系,那么我们预期 $CPATTEN \times CPAEXPT$ 的系数显著为正。

$FIRMTEN$ 代表事务所的审计任期。$FIRMEXPT$ 代表事务所行业专长。我们对每一年的事务所行业市场份额进行排序,把超过10%行业市场份额的事务所定义为行业专长事务所。这与蔡春和鲜文铎(2007)的衡量方式一致。在模型(8.1)中我们同时加入 $CPATEN$ 和 $FIRMTEN$,目的是考察审计任期对审计质量的影响中究竟是签字会计师审计任期还是事务所审计任期起着更为根本的作用。同时加 $CPATTEN \times CPAEXPT$ 和 $FIRMTEN \times FIRMEXPT$ 是为了考察行业专长对审计任期作用的影响是体现在签字会计师水平还是事务所水平。

其他变量为控制变量。控制变量的选择综合了现有相关文献中的控制变量(李爽和吴溪 2002;陈信元和夏立军 2006;Gul,Fung 等 2009;刘启亮和唐建新 2009)。BIG 代表事务所规模。如果为国际四大和国内六大则取值为1,否则取值为0,国内六大以其所审客户的销售收入为标准,若某一年事务所进入按审计客户的销售排名的前六,则认为是国内六大所。$FIRMCH$ 为虚拟变量,事务所变更为1,否则为0。$SIZE$ 用来控制公司规模,等于公司总资产取对数。$GROWTH$ 用来控制成长性,等于营业收入的增长率。OCF 为经营活动现金流量除以总资产。ROA 用来控制公司的盈利能力。$LOSS$ 用来控制公司是否发生亏损。LEV 用来控制公司的财务杠杆率。OPN 代表公司是否获得非标审计意见。

此外，CPATEN×CPAEXPT 与 CPAEXPT 之间的相关系数为 0.8 且在 0.01 水平下显著，此时若同时将 CPATEN×CPAEXPT 和 CPAEXPT 放入回归模型，可能会造成较严重的共线性问题，因此我们在后面的回归分析中采用分组回归和去掉主因素的方法来克服这一问题(Fan and Wong 2002；吴文锋等 2008)①。

表 8-2 变量定义

变量	定义
|DA1|	以 JONES 模型计算的操纵性应计的绝对值
|DA2|	以 Ball 和 Shivarkumar(2006)模型计算的操纵性应计的绝对值
|DA3|	以 Kothari 等(2005)模型计算的操纵性应计的绝对值
DA+/DA−	区分盈余管理方向，正向的操纵性应计和负向的操纵性应计
CPAEXPT_20PCT	对每一年的签字会计师按行业市场份额进行排名，取前 20% 的签字会计师定义为行业专长签字会计师。如果为行业专长签字会计师，则 CPAEXPT_20PCT 取值为 1，否则取值为 0
CPAEXPT_20RANK	对每一年的签字会计师按行业市场份额进行排名，取前 20 位签字会计师定义为行业专长签字会计师；如果为行业专长签字会计师，则取值为 1，否则取值为 0
CPAEXPT_3PBS	取每一年行业市场份额等于或者超过 3% 的签字会计师为行业专长签字会计师。如果为行业专长签字会计师，则取值为 1，否则取值为 0
CPATEN	签字会计师的任期
FIRMTEN	事务所任期
FIRMEXPT	事务所行业专长，把某一年行业市场份额超过 10% 的事务所定义为行业专长事务所，如果为行业专长事务所，则 FIRMEXPT 取值为 1，否则为 0
BIG	大规模事务所，若某一年事务所为国际四大或国内六大，则为 1，否则为 0。国内六大以其所审计客户的销售收入为标准，若某一年事务所进入按审计客户的销售排名的前六，则认为是国内六大所
FIRMCH	事务所发生变更为 1，否则为 0
AGE	上市年限，等于报告期年份−上市年份+1
OPN	非标审计意见，如果公司当期获得非标审计意见则为 1，否则为 0
LOSS	亏损虚拟变量，如果公司当期净利润小于 0 则等于 1，否则等于 0
LEV	负债率，等于总负债除以总资产
GROWTH	增长率，等于营业利润增长率
OCF	经营活动现金流量
ROA	总资产收益率
SIZE	公司规模，等于总资产的自然对数

---

① 解决共线性问题还有一种方法是去均值化处理(Aiken and West, 1991；Hao, Jin and Zhang, 2011)，但此方法仅适用于连续变量。因为 CPAEXPT 和 CPATEN 都是离散变量，所以不适用。

3.3 变量描述性统计

表 8-3 的 PANEL A 给出了主要变量的描述性统计。因变量为操纵性应计的绝对值 $|DA|$,以 JONES 模型衡量的操纵性应计的均值为 7%,以 Ball 和 Shivakumar(2006)模型衡量的操纵性应计的均值为 5.2%,以 Kothari 等(2005)模型衡量的操纵性应计的均值为 5.7%。另外,操纵性应计为正 $DA+$ 的样本量占总样本的 50.45%,操纵性应计为负 $DA-$ 的样本略小于为正的样本,占总样本的比例为 49.54%。从主要测试变量来看,以前 20% 衡量的 $CPAEXPT$ 的均值为 0.384,表明 38.4% 的样本公司由行业专长签字会计师审计;以前 20 位衡量的 $CPAEXPT$ 的均值为 0.344;以 3% 的市场份额为分界点的 $CPAEXPT$ 的均值为 0.229;$CPATEN$ 的均值和最大值分别为 2.579 和 9,表明样本公司中最长的签字会计师连续审计同一家客户长达 9 年,但从平均来看,签字会计师连续审计的时间大概在两年半左右。

表 8-3 主要变量描述性统计

PANEL A

变量	观测数	均值	中位数	最小值	最大值
$|DA1|$	3 938	0.070	0.050	0.000	0.287
$|DA2|$	3 938	0.052	0.039	0.000	0.246
$|DA3|$	3 938	0.057	0.041	0.000	0.259
$DA+$	1 987	0.070	0.051	0.000	0.285
$DA-$	1 951	−0.069	−0.049	−0.287	−0.000
CPAEXPT_20PCT	3 938	0.384	0	0	1
CPAEXPT_20RANK	3 938	0.344	0	0	1
CPAEXPT_3PBS	3 938	0.229	0	0	1
CPATEN	3 938	2.579	2	1	9

PANEL B

变量	行业专长组			非行业专长组			差异	
	N	均值	中位数	N	均值	中位数	T 值	Z 值
$|DA1|$	1 512	0.069	0.049	2 426	0.071	0.050	0.386	0.426
$|DA2|$	1 512	0.051	0.040	2 426	0.054	0.039	0.082*	0.528
$|DA3|$	1 512	0.058	0.041	2 426	0.058	0.041	0.974	0.577

PANEL B 以 CPAEXPT_20PCT 作为行业专长，把样本分为行业专长组和非行业专长组，比较行业专长组与非行业专长组在审计质量上的差异，结果表明，总体上行业专长组的审计质量与非行业专长组之间的审计质量没有明显的区别。这可能是由于：一方面，行业专长审计师掌握了所在行业的经营特点、交易流程、特殊会计政策等知识，能够帮助其搜集审计证据、提高专业判断能力和审计效率，从而更准确地评估客户财务报告的公允性；另一方面，在中国的审计市场上，审计师独立性较差以及面临的诉讼风险较低的情况下，行业专长审计师可能更容易受到行业内经济依赖度的负面影响，因此降低了审计质量(蔡春和鲜文铎 2007)。另外，这里只考虑了行业专长，未考虑其他影响审计质量的变量，如审计任期。

4 实证结果和解释

4.1 主要变量之间的相关性分析

表 8-4 给出了主要变量之间的 Pearson 相关系数。为了表格的简洁，审计质量 |DA| 和签字会计师行业专长 CPAEXPT 的相关性分析，我们只报告了 |DA1| 和 CPAEXPT_20PCT 的结果，其他衡量方式的结果类似。从表中第 1 列可以看出，|DA1| 与 CPATEN 负相关且在 0.01 水平下显著，说明总体上，随着签字会计师的审计任期增加，审计质量在提高。|DA1| 与 FIRMTEN 负相关且在 0.05 水平下显著，说明随着事务所审计任期的增加，审计质量也在提高。这意味在检验签字会计师审计任期对审计质量的研究时应控制事务所审计任期的影响。此外，把 CPATEN 和 FIRMTEN 同时纳入回归模型，可以检验哪一因素起着更加决定性的作用。|DA1| 与 CPAEXPT 负相关，但不显著。从第 4 列可以看出，CPAEXPT 与 FIRMEXPT 正相关且在 0.01 水平下显著，但是从系数来看，两者之间的相关系数并不是很大(0.183)，说明行业专长事务所中的签字会计师并不一定是行业专长签字会计师，同理行业专长签字会计师所在的事务所也并不一定是行业专长事务所。

表 8-4 主要变量之间 Pearson 相关系数

		(1)	(2)	(3)	(4)	(5)	(6)	(7)	(8)	(9)	(10)
(1)	|DA1|	1.000									
(2)	CPATEN	−0.054 (0.001)	1.000								
(3)	FIRMTEN	−0.033 (0.038)	0.502 (0.000)	1.000							
(4)	CPAEXPT	−0.014 (0.386)	0.077 (0.000)	0.105 (0.000)	1.000						
(5)	FIRMEXPT	0.010 (0.514)	0.089 (0.000)	0.101 (0.000)	0.183 (0.000)	1.000					
(6)	CPATENCPAEXPT	−0.023 (0.153)	0.433 (0.000)	0.268 (0.000)	0.809 (0.000)	0.187 (0.000)	1.000				
(7)	BIG	−0.014 (0.365)	0.121 (0.000)	0.171 (0.000)	0.210 (0.000)	0.296 (0.000)	0.204 (0.000)	1.000			
(8)	SIZE	−0.125 (0.000)	0.096 (0.000)	0.129 (0.000)	0.369 (0.000)	0.165 (0.000)	0.324 (0.000)	0.189 (0.000)	1.000		
(9)	AGE	0.013 (0.429)	0.258 (0.000)	0.569 (0.000)	0.100 (0.000)	0.061 (0.000)	0.167 (0.000)	0.142 (0.000)	0.094 (0.000)	1.000	
(10)	LEV	0.227 (0.000)	0.017 (0.277)	0.075 (0.000)	0.058 (0.000)	0.019 (0.222)	0.049 (0.002)	0.001 (0.932)	0.049 (0.002)	0.268 (0.000)	1.000
(11)	GROWTH	0.084 (0.000)	−0.001 (0.950)	−0.011 (0.492)	0.035 (0.027)	0.009 (0.568)	0.028 (0.075)	0.018 (0.265)	0.033 (0.037)	0.036 (0.024)	0.043 (0.007)

注：括号中为 P 值；变量定义见表 8-2；表中的 CPAEXPT 为哑变量，当年按行业市场排名在前 20% 的签字会计师设为 1，否则为 0。

4.2 多元回归分析

表8-5给出了模型(1)的回归结果。在表8-5的所有回归模型中,因变量为操控性应计的绝对值。

在 PANEL A 中,我们用 CPAEXPT_20PCT 衡量签字会计师行业专长,CPAEXPT_20PCT 表示对每一年的签字会计师按行业市场份额进行排名,取前20%的签字会计师为行业专长签字会计师。第1~3列采用 JONES 模型衡量的操纵性应计的绝对值|DA1|代理审计质量,第4~6列采用 Ball 和 Shivakumar(2006)模型衡量的操纵性应计的绝对值|DA2|代理审计质量。

在第1和第2列中,我们用分组的方式考察签字会计师行业专长对会计师审计任期与审计质量关系的影响。第1列是对非行业专长组的检验结果。结果显示 CPATEN 的系数为负且显著,这说明非行业专长组中,在审计任期较短时,由于缺乏对客户特定知识的了解,审计质量较差;随着审计任期的延长,对客户特定知识的积累增多,审计质量提高。第2列是行业专长组的回归结果。CPATEN 的系数不显著,说明在短审计任期时,精通行业知识的签字会计师将很大程度上弥补所属行业客户特定知识的缺乏,因此审计质量并不差,签字会计师审计任期的延长对审计质量提高的边际贡献较小,因此审计质量并不会因任期的延长而显著地提高。这与假说1的预期一致。在第3列中,我们采用加入交乘项 CPATEN×CPAEXPT 的方式来检验假说,结果显示 CPATEN×CPAEXPT 的系数显著为正,这与采用分组回归的方式一致,进一步验证了假说1,即会计师行业专长削弱了会计师审计任期与审计质量之间的正相关性。此外,在第1~3列中 FIRMTEN 和 FIRMEXPT 及其交叉项的系数都不显著,说明相比于事务所行业专长,会计师行业专长对审计任期作用的影响起着更为决定性的作用。在控制变量上,ROA 与|DA1|的系数显著负相关,LEV、GROWTH 与|DA1|的系数显著正相关,OCF、SIZE、AGE 与|DA1|的系数显著负相关。这与现有文献结果一致(夏立军,陈信元等2005;刘启亮和唐建新2009)。第4~6列我们采用 BS 模型衡量的操纵性应计的绝对值|DA2|代理审计质量重新进行了回归。结果发现:在第4和第5列的分组回归中,非行业专长组回归中 CPATEN 的系数为负且在0.05水平下显著,行业专长组回归中 CPATEN 的系数不显著。在第(6)列中,CPATEN×CPAEXPT 的系数显著为正。这些结果与第1~第3列的结论相同。假说1进一步得到了证实。除

OCF 外的其他控制变量的系数与 $|DA1|$ 做因变量时类似。OCF 的系数与第 1~3 列相反,主要是因为按 Ball 和 Shivakumar(2006)计算操纵性应计 $DA2$ 时已经控制了 OCF、OCF_CHANGE、$OCF\_CHANGE \times OCF$。因此 $DA2$ 与 OCF 的关系显示出与 $DA1$ 不同的特征①。

在 PANEL B 中,我们用 $CPAEXPT\_20RANK$ 衡量签字会计师行业专长,$CPAEXPT\_20RANK$ 表示对每一年的签字会计师按行业市场份额进行排名,取前 20 位签字会计师为行业专长签字会计师,除此之外其他变量与 PANEL A 相同。结果显示:在非行业专长组中,$CPATEN$ 的系数显著为负,说明随着签字会计师审计任期的延长,审计质量也提高;在行业专长组中,$CPATEN$ 的系数不显著,审计任期的延长并不能显著的提高审计质量。$CPATEN \times CPAEXPT$ 的系数显著为正,说明行业专长显著地削弱了审计任期与审计质量之间的正相关关系。

在 PANEL C 中,我们用 $CPAEXPT\_20PCTABS$ 衡量签字会计师行业专长,$CPAEXPT\_20PCTABS$ 表示取每一年行业市场份额等于或者超过 3% 的签字会计师为行业专长签字会计师,除此之外其他变量定义与 PANEL A,PANEL B 相同。结果显示:在非行业专长组中,$CPATEN$ 的系数显著为负,说明随着签字会计师审计任期的延长,审计质量显著提高;在行业专长组中,$CPATEN$ 的系数不显著,审计任期的延长并不能显著的提高审计质量。$CPATEN \times CPAEXPT$ 的系数显著为正,说明行业专长显著地削弱了审计任期与审计质量之间的正相关关系。

综上,表 8-5 的结果表明,与事务所的审计任期相比,签字会计师的审计任期与审计质量之间的关系可能是更基础,更重要的。当签字会计师缺乏行业专长时,审计任期可以提高审计质量;而当签字会计师有较多行业专长时,审计任期对审计质量没有显著影响,行业专长削弱了审计任期与审计质量之间的正相关关系。最后,从表 8-5 的 PANEL A,PANEL B,PANEL C 第 3 和第 6 列的 $CPATEN$ 和 $CPATEN \times CPAEXTP$ 的系数看,两者之和仍然为负,说明具有行业专长的签字会计师的审计任期仍然能够提升审计质量,然而签字会计师的行业专长会削弱审计任期与审计质量之间的正相关关系。

---

① 控制变量若剔除 OCF 后,回归结果仍然不变。

表 8-5 多元回归：行业专长，审计任期与审计质量

PANEL A：取前 20% 的签字会计师定义为行业专长签字会计师 CPAEXPT_20PCT

变量	(1) |DA1| 非行业专长组	(2) |DA1| 行业专长组	(3) |DA1| 全样本	(4) |DA2| 非行业专长组	(5) |DA2| 行业专长组	(6) |DA2| 全样本
CPATEN	−0.002* [−1.935]	−0.001 [−0.510]	−0.002** [−2.329]	−0.002** [−2.378]	−0.001 [−0.674]	−0.002** [−2.466]
CPATEN× CPAEXPT			0.001** [1.988]			0.001* [1.899]
FIRMTEN	0.001 [0.721]	0.000 [0.260]	0.001 [0.718]	0.001 [0.892]	0.000 [−0.290]	0.000 [0.378]
FIRMEXPT	0.003 [0.194]	0.005 [0.477]	0.002 [0.182]	0.001 [0.080]	0.003 [0.394]	0.001 [0.205]
FIRMTEN× FIRMEXPT	0.001 [0.256]	−0.001 [−0.351]	0.000 [0.127]	0.001 [0.310]	0.000 [−0.073]	0.000 [0.175]
BIG	−0.001 [−0.156]	0.006 [1.602]	0.002 [0.729]	−0.001 [−0.146]	0.001 [0.294]	0.000 [0.138]
FIRMCH	0.001 [0.207]	0.008 [1.106]	0.003 [0.607]	0.000 [0.043]	0.000 [0.002]	−0.000 [−0.148]
OPN	0.002 [0.342]	−0.004 [−0.732]	0.000 [−0.125]	0.002 [0.618]	−0.002 [−0.616]	0.001 [0.274]
ROA	−0.237*** [−8.039]	−0.176*** [−3.867]	−0.220*** [−8.148]	−0.262*** [−12.850]	−0.209*** [−6.658]	−0.248*** [−13.490]
LEV	0.035*** [4.117]	0.027** [2.137]	0.032*** [4.486]	0.010 [1.428]	−0.009 [−1.144]	0.003 [0.638]
GROWTH	0.015*** [5.720]	0.015*** [3.428]	0.015*** [6.540]	0.011*** [4.569]	0.007*** [3.752]	0.009*** [5.002]
OCF	−0.029 [−0.875]	−0.125*** [−3.027]	−0.060* [−1.959]	0.069*** [3.548]	0.049*** [2.684]	0.065*** [4.367]
SIZE	−0.008*** [−4.339]	−0.005** [−2.095]	−0.006*** [−3.926]	−0.008*** [−4.987]	−0.004** [−2.149]	−0.006*** [−4.638]
AGE	−0.002** [−2.404]	−0.001 [−1.280]	−0.002*** [−3.044]	−0.001** [−2.402]	0.000 [0.467]	−0.001 [−1.599]
行业	控制	控制	控制	控制	控制	控制

（续表）

变量	(1) |DA1| 非行业专长组	(2) |DA1| 行业专长组	(3) |DA1| 全样本	(4) |DA2| 非行业专长组	(5) |DA2| 行业专长组	(6) |DA2| 全样本
年份	控制	控制	控制	控制	控制	控制
OBS	2 426	1 512	3 938	2 426	1 512	3 938
$Adj\ R^2$	0.172	0.124	0.153	0.236	0.107	0.189

PANEL B：取前20位签字会计师定义为行业专长签字会计师 CPAEXPT_20RANK

变量	(1) |DA1| 非行业专长组	(2) |DA1| 行业专长组	(3) |DA1| 全样本	(4) |DA2| 非行业专长组	(5) |DA2| 行业专长组	(6) |DA2| 全样本
CPATEN	−0.002** [−2.184]	−0.001 [−0.551]	−0.002** [−2.373]	−0.002** [−2.390]	−0.001 [−0.604]	−0.002** [−2.597]
CPATEN× CPAEXPT			0.001** [2.030]			0.001** [2.283]
FIRMTEN	0.000 [0.507]	0.001 [0.612]	0.001 [0.724]	0.000 [0.593]	0.000 [0.038]	0.000 [0.381]
FIRMEXPT	0.014 [0.602]	0.001 [0.066]	0.002 [0.182]	0.005 [0.438]	0.001 [0.010]	0.001 [0.219]
FIRMTEN× FIRMEXPT	0.000 [−0.157]	0.000 [−0.069]	0.000 [0.124]	0.000 [−0.246]	0.000 [0.205]	0.000 [0.173]
BIG	0.002 [0.401]	0.003 [0.716]	0.002 [0.663]	0.000 [0.061]	0.000 [−0.163]	0.000 [0.091]
FIRMCH	0.003 [0.512]	0.004 [0.545]	0.003 [0.609]	0.002 [0.418]	−0.003 [−0.814]	−0.000 [−0.149]
OPN	0.002 [0.359]	−0.005 [−0.972]	−0.001 [−0.186]	0.002 [0.593]	−0.002 [−0.448]	0.000 [0.202]
ROA	−0.230*** [−7.795]	−0.186*** [−3.433]	−0.220*** [−8.178]	−0.257*** [−11.560]	−0.211*** [−5.645]	−0.249*** [−13.470]
LEV	0.039*** [4.325]	0.015 [1.022]	0.032*** [4.471]	0.011 [1.388]	−0.014* [−1.682]	0.003 [0.634]
GROWTH	0.012*** [4.713]	0.021*** [4.479]	0.015*** [6.617]	0.010*** [4.096]	0.008*** [4.478]	0.009*** [5.038]

（续表）

变量	(1) |DA1| 非行业专长组	(2) |DA1| 行业专长组	(3) |DA1| 全样本	(4) |DA2| 非行业专长组	(5) |DA2| 行业专长组	(6) |DA2| 全样本
OCF	−0.019 [−0.563]	−0.138*** [−3.153]	−0.060* [−1.945]	0.064*** [3.197]	0.063*** [3.170]	0.066*** [4.393]
SIZE	−0.007*** [−3.589]	−0.005* [−1.907]	−0.007*** [−3.923]	−0.007*** [−4.354]	−0.004** [−2.040]	−0.006*** [−4.688]
AGE	−0.002** [−2.486]	−0.002 [−1.369]	−0.002*** [−3.029]	−0.001** [−2.047]	0.000 [0.050]	−0.001 [−1.582]
行业	控制	控制	控制	控制	控制	控制
年份	控制	控制	控制	控制	控制	控制
OBS	2 583	1 355	3 938	2 583	1 355	3 938
Adj R^2	0.17	0.130	0.153	0.229	0.105	0.189

PANEL C：取每一年行业市场份额等于或者超过3%的签字会计师为行业专长签字会计师 CPAEXPT_3PBS

变量	(1) |DA1| 非行业专长组	(2) |DA1| 行业专长组	(3) |DA1| 全样本	(4) |DA2| 非行业专长组	(5) |DA2| 行业专长组	(6) |DA2| 全样本
CPATEN	−0.002* [−1.756]	−0.001 [−0.447]	−0.002** [−2.420]	−0.002** [−2.018]	−0.001 [−0.552]	−0.002** [−2.467]
CPATEN× CPAEXPT			0.002* [1.915]			0.001* [1.659]
FIRMTEN	0.000 [0.532]	0.001 [0.381]	0.001 [0.765]	0.000 [0.720]	0.000 [−0.137]	0.000 [0.410]
FIRMEXPT	0.023 [0.790]	0.001 [0.010]	0.002 [0.183]	0.009 [0.780]	−0.001 [−0.073]	0.002 [0.258]
FIRMTEN× FIRMEXPT	−0.001 [−0.369]	0.000 [−0.071]	0.000 [0.029]	−0.001 [−0.531]	0.000 [0.337]	0.000 [0.111]
BIG	0.004 [0.728]	−0.002 [−0.485]	0.002 [0.675]	0.002 [0.619]	−0.003 [−1.239]	0.000 [0.155]
FIRMCH	0.005 [0.904]	−0.005 [−0.549]	0.003 [0.614]	0.003 [0.859]	−0.011** [−2.367]	−0.000 [−0.136]

(续表)

变量	(1) $\|DA1\|$ 非行业专长组	(2) $\|DA1\|$ 行业专长组	(3) $\|DA1\|$ 全样本	(4) $\|DA2\|$ 非行业专长组	(5) $\|DA2\|$ 行业专长组	(6) $\|DA2\|$ 全样本
OPN	−0.001 [−0.248]	−0.003 [−0.436]	−0.000 [−0.148]	−0.001 [−0.269]	0.003 [0.602]	0.001 [0.246]
ROA	−0.261*** [−8.996]	−0.018 [−0.311]	−0.220*** [−8.173]	−0.269*** [−13.090]	−0.143*** [−3.210]	−0.248*** [−13.470]
LEV	0.029*** [3.766]	0.044** [2.623]	0.032*** [4.462]	0.007 [1.015]	−0.013 [−1.517]	0.003 [0.624]
GROWTH	0.015*** [5.439]	0.015*** [3.503]	0.015*** [6.561]	0.011*** [4.560]	0.005** [2.118]	0.009*** [5.019]
OCF	−0.011 [−0.328]	−0.205*** [−3.729]	−0.060* [−1.944]	0.062*** [3.465]	0.068*** [2.806]	0.066*** [4.398]
SIZE	−0.007*** [−3.794]	−0.006* [−1.739]	−0.007*** [−3.873]	−0.006*** [−4.103]	−0.003 [−1.442]	−0.006*** [−4.675]
AGE	−0.002*** [−2.931]	−0.002 [−1.656]	−0.002*** [−3.059]	−0.001* [−1.885]	−0.001 [−0.978]	−0.001 [−1.606]
行业	控制	控制	控制	控制	控制	控制
年份	控制	控制	控制	控制	控制	控制
OBS	3 036	902	3 938	3 036	902	3 938
Adj R^2	0.172	0.146	0.154	0.217	0.086	0.189

注:变量定义见表8-2;* 代表10%显著性水平,** 代表5%显著性水平,*** 代表1%显著性水平;方括号中为 T 值,所有的回归模型都按公司进行了 Cluster 处理(Petersen 2009)。

4.3 稳健性检验

在表8-5中,我们采用JONES模型计算的操纵性应计$|DA1|$和Ball和Shivakumar(2006)计算的操纵性应计$|DA2|$作为审计质量的替代变量。由于公司业绩会影响JONES模型操纵性应计的计算结果(Kothari, Leone et al. 2005),稳健性检验中我们首先用Kothari等(2005)模型重新计算了操控性应计$|DA3|$,以此为因变量进行了稳健性测试。其次,出于对风险的考虑,审计师更加关注正向的盈余管理,因此在稳健性检验中,我们进一步区分了正向盈余管理

（DA＋）和负向盈余管理（DA－），分别对自变量进行回归。

表 8-6 的 PANEL A 和 PANEL B 报告了 |DA3| 作为因变量的回归结果，其中 PANEL A 列示的是行业专长采用 CPAEXPT_20PCT 的结果。在行业专长组和非行业专长组，CPATEN 的系数均不显著。PANEL B 列示的是 CPATEN_20RANK 的结果。可以看到，在非行业专长组 CPATEN 的系数显著为负，而在行业专长组 CPATEN 的系数不显著。表 8-6 的 PANL C 和 PANEL D 报告了区分盈余管理方向 DA＋/DA－ 的结果，其中 PANEL C 列示的是行业专长采用 CPAEXPT_20PCT 的结果：行业专长削弱审计任期与审计质量的关系主要发生在正向盈余管理的样本中，这与现有文献发现的审计师主要关注正向盈余管理的行为相一致。PANEL D 列示的是行业专长采用 CPAEXPT_20RANK 的结果，结论与 PANEL C 一致。综上，本书的结论基本上不受审计质量衡量方式的影响，研究结论稳健。

表 8-6　审计质量的稳健性检验

PANEL A：审计质量为 |DA3| & 签字会计师行业专长为 CPAEXPT_20PCT

变量	(1) |DA3| 非行业专长组	(2) |DA3| 行业专长组
CPATEN	−0.001 [−1.428]	−0.001 [−0.872]
控制变量	控制	控制
OBS	2 426	1 512
$Adj\ R^2$	0.062	0.060

PANEL B：审计质量为 |DA3| & 签字会计行业专长为 CPAEXPT_20RANK

变量	(1) |DA3| 非行业专长组	(2) |DA3| 行业专长组
CPATEN	−0.001* [−1.704]	−0.001 [−0.838]
控制变量	控制	控制
OBS	2 583	1 355
$Adj\ R^2$	0.063	0.065

(续表)

PANEL C：区分正负盈余管理方向 DA+/DA− & 签字会计师行业专长为 CPAEXPT_20PCT

变量	(1) DA+ 非行业专长组	(2) DA+ 行业专长组	(3) DA− 非行业专长组	(4) DA− 行业专长组
CPATEN	−0.002** [−2.074]	0.000 [−0.400]	0.000 [0.382]	0.002* [1.891]
控制变量	控制	控制	控制	控制
OBS	1 329	878	1 092	634
Adj R^2	0.389	0.279	0.608	0.414

PANEL D：区分正负盈余管理方向 DA+/DA− & 签字会计师行业专长为 CPAEXPT_20RANK

变量	(1) DA+ 非行业专长组	(2) DA+ 行业专长组	(3) DA− 非行业专长组	(4) DA− 行业专长组
CPATEN	−0.001* [−1.915]	0.000 [−0.216]	0.001 [0.658]	0.003* [1.856]
控制变量	控制	控制	控制	控制
OBS	1 422	785	1 158	568
Adj R^2	0.397	0.256	0.605	0.395

注：变量定义见表8-2；* 代表10%显著性水平，** 代表5%显著性水平，*** 代表1%显著性水平；方括号中为 T 值，所有的回归模型都按公司进行了 Cluster 处理（Petersen 2009）。

在表 8-5 中，我们以 CPAEXPT_20PCT 和 CPAEXPT_20RANK 作为签字会计师行业专长的代理变量。由于现有文献并没有涉及对签字会计师水平行业专长的衡量，因此需要对划分是否为行业专长的阈值进行敏感性测试。我们以①对每一年的签字会计师按行业市场份额进行排名，取前10%的签字会计师定义为行业专长签字会计师 CPAEXPT_10PCT；②对每一年的签字会计师按行业市场份额进行排名，取前10位签字会计师定义为行业专长签字会计师 CPAEXPT_10RANK 进行测试，结果列示在表8-7中。表8-7的结果显示，用 CPAEXPT_10PCT 和 CPAEXPT_10RANK 作为签字会计师行业专长的衡量方式后，本书的主要结论并未改变。

表 8-7 签字会计师行业专长的稳健性检验

PANEL A：取前10%的签字会计师定义为行业专长签字会计师 CPAEXPT_10PCT

变量	(1) $\|DA1\|$ 非行业专长组	(2) $\|DA1\|$ 行业专长组	(3) $\|DA2\|$ 非行业专长组	(4) $\|DA2\|$ 行业专长组
CPATEN	−0.002** [−2.422]	0.001 [0.396]	−0.002*** [−2.954]	0.000 [0.297]
控制变量	控制	控制	控制	控制
OBS	2 426	1 512	2 426	1 512
Adj R^2	0.183	0.143	0.246	0.127

PANEL B：取前10位签字会计师定义为行业专长签字会计师 CPAEXPT_10RANK

变量	(1) $\|DA1\|$ 非行业专长组	(2) $\|DA1\|$ 行业专长组	(3) $\|DA2\|$ 非行业专长组	(4) $\|DA2\|$ 行业专长组
CPATEN	−0.001* [−1.706]	0.000 [−0.178]	−0.002** [−2.585]	0.000 [0.364]
控制变量	控制	控制	控制	控制
OBS	2 583	1 355	2 583	1 355
Adj R^2	0.18	0.151	0.239	0.127

注：变量定义见表 8-2；* 代表 10% 显著性水平，** 代表 5% 显著性水平，*** 代表 1% 显著性水平；方括号中为 T 值，所有的回归模型都按公司进行了 Cluster 处理(Petersen 2009)。

4.4 替代性解释的排除

4.4.1 私人关系的影响

因为审计任期对审计质量的影响与审计师的独立性相关，特别是签字会计师和上市公司之间的关系紧密时，审计任期和审计质量之间的关系可能会有所变化(刘启亮 2006；刘启亮和唐建新 2009)。因此，我们进一步考虑了私人关系的对本书主要结论的影响。表 8-8 PANEL A 中，我们控制了私人关系。私人关系定义借鉴了刘启亮(2006)和刘启亮等(2009)，即将事务所任期短于签字会计师任期的样本定义为私人关系组，RELATION 为 1，否则为 0。结果发现①在控制住私人关系后，本书的结论依然存在；②私人关系对审计任期效应的影响主要是体现在非行业专长组中，行业专长能够一定程度上抑制私人关系所带来的负面影响(体现在交叉项上)。

另外,我们也按照行业专长和私人关系两个维度进行了分组检验。检验结果见表8-8的PANEL B。从分组回归结果看,在无私人关系的非行业专长组,审计任期仍然与审计质量显著正相关。但在有私人关系的非行业专长组,客户特定知识效应不再显著。根据刘启亮(2006)和刘启亮等(2009),我们推测在这一组中,私人关系对审计独立性的影响超过了客户特定知识效应。

表8-8 私人关系和市场化程度的影响

PANEL A:私人关系的影响:变量控制

变量	(1) $\lvert DA1 \rvert$	(2) $\lvert DA1 \rvert$ 非行业专长组	(3) $\lvert DA1 \rvert$ 行业专长组	(4) $\lvert DA1 \rvert$ 非行业专长组	(5) $\lvert DA1 \rvert$ 行业专长组
CPATEN	−0.002** [−2.422]	−0.002** [−2.552]	−0.001 [−1.102]	−0.002** [−2.185]	−0.001 [−0.948]
RELATION	−0.018*** [−3.049]	−0.023*** [−2.949]	−0.013 [−1.486]		
CPATEN× RELATION	0.005*** [2.762]	0.006*** [2.677]	0.004 [1.273]	−0.001 [−0.774]	0.000 [0.0488]
控制变量	控制	控制	控制	控制	控制
OBS	3 938	2 426	1 512	2 426	1 512
$Adj\ R^2$	0.204	0.252	0.147	0.25	0.146

PANEL B:私人关系影响:分组检验

	无私人关系组		私人关系组	
变量	(1) $\lvert DA1 \rvert$ 非行业专长组	(2) $\lvert DA1 \rvert$ 行业专长组	(3) $\lvert DA1 \rvert$ 非行业专长组	(4) $\lvert DA1 \rvert$ 行业专长组
CPATEN	−0.002** [−1.964]	−0.001 [−0.617]	0.002 [0.371]	0.009 [1.608]
控制变量	控制	控制	控制	控制
OBS	2 322	1 439	104	73
$Adj\ R^2$	0.175	0.126	0.049	0.116

(续表)

PANEL C：市场化程度的影响

变量	(1) |DA1| 非行业专长组	(2) |DA1| 行业专长组
CPATEN	−0.003*** [−2.859]	−0.002 [−1.389]
CPATEN× MKTINDEX	0.001 [1.534]	0.001 [1.256]
MKTINDEX	−0.001 0.832	0.000 0.546
控制变量	控制	控制
OBS	2 426	1 512
Adj R^2	0.25	0.148

注：变量定义见表 8-2；* 代表 10% 显著性水平，** 代表 5% 显著性水平，*** 代表 1% 显著性水平；方括号中为 T 值，所有的回归模型都按公司进行了 Cluster 处理 (Petersen 2009)。

4.4.2 市场化程度的影响

Firth Rui 和 Wu(2011)发现会计师轮换的成效，与市场化程度的水平有关。在市场化程度较高的地方，审计师会更关注由于审计妥协带来的审计诉讼风险和对声誉的损害，因此审计师轮换的效果在市场化程度较低的地方更加明显。需要注意的是，Firth 等(2011)发现市场化程度对轮换效果的影响主要体现在强制签字会计师轮换上，自愿会计师轮换提高审计质量的效果十分有限。而本书的样本区间为 1998—2002，为自愿会计师轮换期间。因此市场化程度对审计任期的影响效果在理论上并不十分确定。为此我们借鉴 Firth 等(2011)的方法对市场化程度的影响进行了检验。由于樊纲指数的最早可获得年份为 2001 年，市场化指数逐年之间的变动较小，因此我们以 2001 年的市场化指数替代 1998—2000 年的市场化指数。表 8-8 的 PANEL C 报告了回归结果。在控制市场化程度的影响后，本书结论依然成立。

4.4.3 客户自选择可能性的排除

由于高质量的公司往往倾向于续聘现任审计师，进而导致签字会计师的审计任期较长；而低质量的客户则更可能被现任审计师辞聘，导致签字会计师的审计任期较短(Gul et al. 2009)。所以审计任期与 |DA| 之间存在负相关关系，可

能是客户自选择的结果,即好的客户一般会计师不会放手,而对差的客户,会计师可能主动请辞。结果就是看到任期长的客户其会计信息质量好,任期短的客户其会计信息质量比较差。为了排除客户自选择可能性的影响,我们采用两阶段的回归方法。在第一阶段我们建立 CPATEN 的选择模型,然后把 CPATEN 的预测值即 P_CPATEN 带入第二阶段回归。CPATEN 的选择模型如下:

$$CPATEN = \beta_0 + \beta_1 RECT + \beta_2 BIG + \beta_3 FIRMTEN + \beta_4 FIRMCH + \beta_5 LOSS + \beta_6 SIZE + \beta_7 AGE + \beta_8 GROWTH + \beta_9 OCF + \beta_{10} INVT + \beta_{11} QUICK + \beta_{12} ROA + \beta_{13} LEV + \sum_i^n \beta_i \times ind_i + \sum_j^m \beta_j \times year_j \tag{8.2}$$

回归结果列示在表 8-9。为了表格的简洁,我们只报告第二阶段回归的结果。表 8-9 的(a)列是对非行业专长组进行回归,结果显示 P_CPATEN 的系数为负且在 0.05 水平下显著,表明非行业专长的签字会计师的审计任期越长,则审计质量越高。(b)列对行业专长组进行回归,P_CPATEN 的系数显著为正,即在行业专长组,审计任期的延长不但未使得审计质量提高,反而降低了审计质量。说明审计任期的"独立性效应"超过了"客户专有知识效应"。由于审计任期增加导致的会计师与客户关系过分亲密较严重,进而导致审计独立性下降,最终反映为客户盈余管理空间的增加(即审计质量下降)。

表 8-9 客户自选择的排除

第二阶段回归结果

变量	$\|DA1\|$ (a) 非行业专长组	$\|DA1\|$ (b) 行业专长组
P_CPATEN	**−0.198** [−2.574]	**0.067*** [3.534]
BIG	0.041* [1.842]	0.001 [0.255]
FIRMTEN	0.057** [2.565]	−0.018*** [−3.431]
FIRMCH	−0.112** [−2.261]	0.049*** [2.832]
SIZE	−0.002 [−0.208]	−0.007** [−2.159]

(续表)

变量	|DA1| (a) 非行业专长组	|DA1| (b) 行业专长组
AGE	0.003 [0.889]	0.001 [0.590]
LEV	0.060** [2.149]	0.029* [1.915]
GROWTH	0.009 [1.043]	0.003 [0.705]
OCF	−0.011 [−0.150]	−0.002 [−0.0438]
行业	控制	控制
年份	控制	控制
OBS	2 420	1 510

注：变量定义见表8-2；* 代表10%显著性水平，** 代表5%显著性水平，*** 代表1%显著性水平；方括号中为T值。

5 结论和政策含义

本书利用签字会计师强制轮换制度实施之前1998—2002年上市公司数据，检验了会计师行业专长对审计任期与审计质量关系的影响。研究发现，当会计师缺乏行业专长时，会计师的长审计任期能够提高审计质量，说明随着审计任期的延长，客户专有知识的积累对于缺乏行业经验的会计师提高审计质量有重要作用，此时客户专有知识的正面作用大于独立性降低带来的负面作用。对于那些具有行业专长的会计师来说，审计任期延长带来的"客户特定知识效应"被显著削弱。

本研究贡献在于学术和实务两个层面。学术上，本研究将会计师行业专长引入了审计任期与审计质量关系的研究，丰富了现有会计师层面的审计文献。发现相对于会计师事务所层面的分析，会计师层面的审计任期和行业专长起着更为决定性作用。从实务上看，本研究结果可以帮助利益相关各方预判审计任期与审计质量之间的关系，对审计的实务工作有重要的参考价值。本研究结果对于政策制定也有重要启示。比如，会计师强制轮换政策对行业专长会计师和非行业专长会计师的影响是不同的。对监管者而言,应特别关注非行业专长会计师,因为轮换政策对其的负面影响较大。

本研究用可操控性应计衡量审计质量,得到上述结论。未来研究中,可以检视其他审计质量的替代变量,做进一步的研究。

第9章 全文总结

前6章已对会计师事务所如何配置项目负责人进行了理论分析,并从事务所质量控制角度和项目负责人—客户关系角度分别对项目负责人的分派和更换进行了实证研究。第7章和第8章则分别从项目负责人—客户关系角度和项目负责人行业专长角度考察了项目负责人配置的经济后果。本章将在此基础上,对研究进行总结,包括两个部分:研究结论和启示、研究的局限和未来研究方向。

1 研究结论和启示

审计项目负责人是指会计师事务所中负责某项业务及其执行,并代表会计师事务所在业务报告上签字的主任会计师或经授权签字的注册会计师。鉴于审计项目负责人主导着整个审计业务活动(包括:对整个审计业务进行指导、监督;检查项目组成员是否违反职业道德;检查审计业务的独立性情况;复核已实施的审计工作等)并对审计业务的总体质量承担领导责任,因此在会计师事务所的内部治理、质量控制中,一个重要的环节就是事务所如何为上市公司审计项目组选派项目负责人以及如何更换项目负责人。项目负责人的正确选派和合理更换对质量控制起着至关重要的作用。

本书在第一部分首先通过考察事务所如何分派项目负责人和更换项目负责人来研究如何配置项目负责人。具体地,我们从事务所质量控制角度和项目负责人—客户关系两种角度出发,实证检验了如下四个问题:①会计师事务所是否为风险较高的客户配置经验较丰富的项目负责人?②会计师事务所是否按照项目负责人所负责项目的审计质量来更换项目负责人?③项目负责人—客户关系是否会阻碍会计师事务所更换项目负责人?④客户压力下的项目负责人变更有什么样的经济后果？其中第一和第二个问题从事务所质量控制角度出发，第三和第四个问题从项目负责人—客户关系角度出发。主要研究发现和主要研究结论如下：

首先，会计师事务所没有按照质量控制原则分派审计项目负责人。表现为风险较高的客户没有配置执业经验丰富的项目负责人，而且现有证据表明，某些风险特征较高客户的项目负责人的执业经验显著地较低。我们的证据并不意味着事务所不注重客户风险，而是表明事务所在项目负责人分派时没有以控制客户风险为主要标准。至少事务所没有对LOSS，LEV，OPN，NEWCLT这些客户风险做出应有的反应。

其次，会计师事务所没有按照质量控制的原则更换审计项目负责人。首先，从截面数据、水平模型看，事务所没有更换审计质量较差的项目负责人。其次，从变化模型看，事务所也没有更换审计质量下滑的项目负责人。最后，事务所也没有更换出具"过松"审计意见的项目负责人。

再次，项目负责人—客户关系会阻碍事务所更换项目负责人。与客户关系较强的项目负责人被更换的概率显著低于关系较弱的项目负责人。

最后，项目负责人变更会导致审计意见购买。前期获得非标审计意见的公司，更换项目负责人后，能够显著地改善审计意见，即存在审计意见购买行为。客户越重要，表明客户可以对事务所实施更大的压力，越可能出现更换项目负责人达到审计意见购买。事务所的规模可以"抑制"这种审计意见购买行为。规模较大的会计师事务所"抵抗"客户压力的能力较强，而且事务所内部质量控制也较好，因此通过变更项目负责人改善审计意见的可能性越小。此外，我们发现项目负责人更换后，后任项目负责人的执业经验明显的更少。最后，2002年CICPA（中国注册会计师协会）加强对事务所变更的监管后，上市公司通过变更事务所方式进行审计意见购买的成本增加，因此上市公司转而采用更加隐性的方式——对事务所"施压"更换项目负责人来改善审计意见。

我们的研究表明，总体上事务所在配置项目负责人上并没有严格按照质量控制的要求进行配置，相反客户因素在项目负责人的配置上起着重要作用。项目负责人更换不但没有发挥应有的治理作用，而在在特定情况下反而变成了客户审计意见改善的手段。由于对客户而言，转换事务所的成本通常远远超过更换项目负责人的成本，如果通过更换项目负责人就可以购买审计意见，那么其首选的审计意见购买方式应该就是更换项目负责人。然而当前的监管层对审计意见购买的监管重点却放在了事务所变更上,在事务所质量控制准则制定的时候,主要针对项目负责人对质量控制的领导责任,很少涉及对项目负责人本身的监督和管理。因此未来的监管方向和重点应该转移到更加"微观"的项目负责人身上。

第二部分本书考察了项目负责人与客户关系对事务所维系客户的影响以及从行业专长角度考察项目负责人行业专长配置的经济后果。我们研究发现:①在项目负责人与客户关系对事务所维系客户的影响上,如果负责某家上市公司年报审计业务的项目负责人不再为原事务所签字或离开原事务所,那么由该项目负责人负责签字的上市公司更换事务所的可能性显著提高。尤其是当项目负责人跳槽到另一家具有证券审计资格的事务所时,客户变更事务所的可能性更高。这说明紧密的会计师—客户关系能够帮助事务所留住客户,对事务所而言具有重要价值。②项目负责人行业专长会对审计任期与审计质量之间的关系产生显著的影响:项目负责人长审计任期能够提高审计质量,但主要是体现在项目负责人缺乏行业专长的时候。而当项目负责人具有行业专长时审计任期与审计质量之间的正相关关系减弱。这说明,当项目负责人缺乏行业专长时,审计任期延长带来的客户特定知识效应超过了独立性降低的负面效应。而当项目负责人具备行业专长时,审计任期延长带来的客户特定知识效应并不明显,审计任期与审计质量的正相关关系显著降低。

通过第二部分的研究,本书对项目负责人—客户关系方面的文献以及审计师行业专长方面的文献都有所贡献。在项目负责人—客户关系方面:第一,与现有关于项目负责人"跳槽"的文献相比,本书的研究视角有所不同。现有文献主要关注两个问题:①哪些因素影响客户跟随还是不跟随项目负责人?②这种跟随行为(用来识别项目负责人—客户关系)是否影响了会计师事务所的独立性,进而降低审计质量。王少飞等(2010)尝试回答第一个问题,他们发现跳槽之前客户的盈余管理程度越高,客户越可能跟随项目负责人变更到新的事务所中。另外一些学者(Blouin et al. 2007; Chen, Liu et al. 2009; Chen, Su et al. 2009;Chen et al. 2010)探讨了第二个问题,他们发现这些跟随项目负责人的客户,在变更后第一年并不一定能够获得更"友好"的审计意见。但在跟随后第二年和第三年的审计质量却显著地下降(Chen et al. 2009)。总之,这些研究认为保持或者获得更"友好"的审计意见是客户变更事务所、跟随项目负责人的原因。与已有观点不同,本书试图提出另外一种解释即基于项目负责人—客户关系的资产专用性投资假说。我们的实证结果也支持资产专用性投资假说而不是低质量审计需求假说。第二,当考察项目负责人－客户关系的削弱对客户换所的影响时,我们的数据能够进一步考察事务所与客户关系的不同受损程度。第三,当项目负责人跳槽时,客户依次要做出两步决策。第一步决策是客户选择是否变更事务所,如果第一步的决策是换所,才有第二步决策:是否变更到与原项目负责人相关联的事务所。从现有文献看,绝大多数都是直接研究第二步决策。即在给定客户换所的情况下,客户是否跟随项目负责人及其动因和相关经济后果,未对客户第一步决策进行研究。我们认为第一步决策更基础,客户只有在做出选择变更事务所的决策后,才需要决定是否跟随原项目负责人(Xue et al. 2013)。在审计师行业专长方面:第一,本研究将行业专长和审计任期对审计质量的影响拓展到项目负责人(即签字会计师水平),丰富了签字会计师水平的研究。此外在拓展 Gul 等(2009)时,我们不仅仅从项目负责人这一"微观"的层面考察审计任期问题,而且还发现同时考察事务所审计任期和项目负责人审计任期时,项目负责人的审计任期更加重要,同时考察事务所行业专长和项目负责人行业专长对审计任期与审计质量关系的影响时,项目负责人行业专长更加重要。第二,我们研究结果表明,由于行业专长与审计任期的客户特定知识效应存在替代关系,因此在行业专长审计师样本中长审计任期带来的主要是独立性的下降。一个符合逻辑的推论就是,如果对行业专长项目负责人进行强制轮换,那么在提高审计师的独立性的同时,对审计师专业胜任能力的影响较小,因此强制轮换的效果较好。

2 局限性和未来研究方向

针对项目负责人的研究还是一个全新的课题,在我们的研究过程中,虽然尽了最大努力,但限于笔者的认知能力、研究方法、时间和精力有限,仍然存在如下未能很好解决的问题:

第一,签字会计师与实际的主要负责人是否是同一个人?有可能实际"干活"的人没有签字权,所以不签字,而具有签字权的会计师不"干活"。也有可能项目的实际负责人害怕承担责任,不愿意签字。所以我们观察到较高的项目负责人更换频率。但由于在审计报告中签字是要承担法律责任的,证监会的处罚也是针对签字会计师的,因此可以稍微减轻我们对这一问题的顾虑。

第二,回归模型中如果因变量涉及项目负责人(如,项目负责人的执业经验、项目负责人的变更),那么模型的 R^2 都比较低。这可能是因为项目负责人的行为受到事务所因素和项目负责人自身特征的因素影响,虽然我们尝试收集和控制一些事务所和项目负责人自身特征的变量,但从 R^2 来看,还是不够充分,因此研究存在遗留变量的问题。这也是今后的研究可以拓展的方向。

第三,关于事务所是否为风险较高的客户配置执业经验较丰富的项目负责人以及事务所是否根据项目负责人的审计质量更换项目负责人的研究,本书得出结论:事务所在项目负责人的选派和更换上都没有按照质量控制的原则进行。但存在的一个问题是,我们得出的结论是基于回归结果不显著得出的,虽然现有的文献也认可这种做法(Reynolds and Francis 2000;Leuz 2003),然而学术界在不显著的统计结果是否能够作为结论上存在争议。

基于此,我们认为未来至少可以从以下几个方面进行探索和拓展:

第一,对事务所进行实地调查、访问项目负责人的配置情况,包括项目负责人的分派和更换。同时通过调查问卷的形式获取第一手资料,从而尽可能多地了解项目负责人分派和更换的原因,然后对其中较普遍的原因利用大样本数据进行检验。

第二,项目负责人配置对审计质量的影响。比如执业经验较低的项目负责人是否会降低审计质量?执业能力和独立性较高的项目负责人被更换后是否会导致审计质量下降?

第三,项目负责人配置对公司的财务报表信息质量的影响。比如项目负责人配置不当是否会降低公司的财务报表信息质量?合理的项目负责人配置是否会能够降低公司的盈余管理程度?资本市场是否会对项目负责人配置做出反应。比如投资者是否会对配置了恰当项目负责人的上市公司提供较低的股票融资成本?债权人是否会对配置了恰当项目负责人的上市公司提供较低的债务融资成本?

参考文献

财政部.2001.关于注册会计师在审计报告上签名盖章有关问题的通知.

蔡春,鲜文铎.2007.会计师事务所行业专长与审计质量相关性的检验——来自中国审计市场的经验证据[J].会计研究,(6):41-47.

陈波.2011.我国会计师事务所内部治理评价的实证研究——基于问卷调查数据和因子分析方法[J].工作论文.

陈信元,夏立军.2006.审计任期与审计质量:来自中国证券市场的经验证据[J].会计研究,(1):44-53.

陈信元,李莫愁,芮萌,夏立军.2009.司法独立性与投资者保护法律实施——最高人民法院1/15通知的市场反应[J].经济学(季刊)(1).

丁瑞玲,吴溪.2010.审计学[M].北京:经济科学出版社.

费孝通.1948.乡土中国[M]:三联出版社.

冯均科.2009.会计师事务所业务质量管理[M]:大连:大连出版社.

耿建新,杨鹤.2001.我国上市公司变更会计师事务所情况的分析[J].会计研究,(4):57-62.

龚启辉,王善平.2009.审计师轮换规制效果的比较研究[J].审计研究,(3):81-90.

郭晋龙.2005.会计师事务所合伙文化的理想与现实——基于36起合伙纠纷案件的研究[J].中国注册会计师,(9):25-29.

胡本源.2009.重要客户与审计任期对审计独立性的影响[M]:大连:东北财经大学出版社.

胡旭阳,史晋川.2008.民营企业的政治资源与民营企业多元化投资——以中国民营企业500强为例[J].中国工业经济,(4).

胡旭阳.2006.民营企业家的政治身份与民营企业的融资便利——以浙江省民营百强企业为例[J].管理世界,(5).

靳丽萍.2001.中天勤崩塌.财经,(12):34-43.

李东平,黄德华,王振林.2001."不清洁"审计意见、盈余管理与会计师事务所变更[J].会计研究,(6):51-57.

李爽,吴溪.2002.审计师变更研究——中国证券市场的初步证据[M].北京:中国财政经济出版社.

李爽,吴溪.2006.签字注册会计师的自然轮换状态与强制轮换政策的初步影响[J].会计研究,(1):36-43.

刘峰,张立民,雷科罗.2002.我国审计市场制度安排与审计质量需求——中天勤客户流向的案例分析[J].会计研究,(12):22-27.

刘启亮,唐建新.2009.学习效应、私人关系、审计任期与审计质量[J].审计研究,(4):52-64.

刘启亮,余宇莹,陈汉文.2008.签字会计师任期与审计质量:来自中国大陆证券市场的经验证据[J].中国会计与财务研究,10(2).

刘启亮.2006.事务所任期与审计质量——来自中国证券市场的经验证据[J].审计研究,(4):40-49.

陆正飞,童盼.2003.审计意见、审计师变更与监管政策[J].审计研究,(3).

罗党论,刘晓龙.2009.政治关系、进入壁垒与企业业绩[J].管理世界,(5).

彭泗清.1999.信任的建立机制:关系运作与法制手段[J].社会学研究,(2):53-66.

沈玉清,戚务君,曾勇.2008.审计师任期、事务所任期与审计质量[J].管理学报,(2):288-300.

王兵,刘峰.2010.安达信倒塌:研究发现了什么?[J].会计研究,(7):73-78.

王少飞,唐松,李增泉,姜蕾.2010.盈余管理、事务所客户资源控制权的归属与审计质量——来自中国证券市场的经验证据[J].审计研究,(1).

吴联生,谭力.2005.审计师变更决策与审计意见改善[J].审计研究,(2):34-40.

吴文锋,吴冲锋,芮萌.2009.中国上市公司高管的政府背景与税收优惠[J].管理世界,(3).

吴溪,王晓,姚远.2010.从审计师成为客户高管:对旋转门现象的一项案例研究[J].会计研究,(11):72-80.

吴溪.2009.会计师事务所为新承接的审计客户配置了更有经验的项目负责人吗?[J].中国会计与财务研究,3:1-59.

参考文献

夏立军,陈信元,方轶强.2005.审计任期与审计独立性:来自中国证券市场的经验证据[J].中国会计与财务研究,7(1):54-78.

易琮.2002.行业制度变迁的诱因与绩效——对中国注册会计师行业的实证考察[J],暨南大学.

于旭辉.2008.制度环境、供应商—客户关系及其审计行为研究—来自我国上市公司的经验证据,上海财经大学会计学院,上海.

余明桂,潘红波.2008.政治关系、制度环境与民营企业贷款[J].管理世界,(8):9-21.

中国证监会,财政部.2003.关于证券期货业务签字注册会计师定期轮换的规定[D].

中国注册会计师协会.2007.中国注册会计师审计准则第1121号——历史财务信息审计的质量控制[D].

中国注册会计师协会.2007.中国注册会计师审计准则第5101号——业务质量控制[D].

中国注册会计师协会.2010.关于加强会计师事务所业务质量控制制度建设的意见(会协〔2010〕8号)[D].

周忠惠.2009.狠抓治理机制建设促进审计质量提高[J].中国注册会计师,(4):55-59.

Adhikari A, Derashid C, Zhang H. 2006. Public policy, political connections, and effective tax rates: Longitudinal evidence from Malaysia[M]. Journal of Accounting and Public Policy, 25(5):574-595.

AICPA. 1978. The Commission on Auditors Responsibilities: Report, Conclusions and Recommendations[M]. New York.

AICPA. 1988. ET section 101-independence.

Aiken L S, West S G. 1991. Multiple regression: Testing and interpreting interactions[M], Sage Publications, Incorporated.

Akerlof G. 1970. The market for "lemons": Quality uncertainty and the market mechanism[J]. The Quarterly Journal of Economics 84(3):488-500.

Alchian A A. 1950. Uncertainty, evolution, and economic theory[J]. The Journal of Political Economy, 58(3):211-221.

Alchian A A, Demsetz H. 1972. Production, information costs, and economic organization[J]. The American economic review, 62(5): 777-795.

Ashbaugh H, LaFond R, Mayhew B W. 2003. Do nonaudit services compromise auditor independence? Furtherevidence [J]. Accounting Review, 78(3): 611-639.

Baber W, Kumar K, Verghese T. 1995. Client security price reactions to the Laventhol and Horwath bankruptcy[J]. Journal of Accounting Research, 385-395.

Ball R A Y, Shivakumar L. 2006. The Role of Accruals in Asymmetrically Timely Gain and Loss Recognition[J]. Journal of Accounting Research, 44: 207-242.

Beatty R. 1989. Auditor reputation and the pricing of initial public offerings [J]. Accounting Review, 64(4): 693-709.

Bedard J C, Deis D R, Curtis M B, Jenkins J G. 2008. Risk Monitoring and Control in Audit Firms: A Research Synthesis[J]. Auditing: A Journal of Practice & Theory, 27(1): 187-218.

Bell T, Landsman W, Shackelford D. 2001. Auditors' perceived business risk and audit fees: Analysis and evidence [J]. Journal of Accounting Research, 39(1): 35-43.

Bian Y. 1997. Bringing strong ties back in: Indirect ties, network bridges, and job searches inChina[J]. American Sociological Review: 366-385.

Blouin J, Grein B M, Rountree B R. 2007. An Analysis of Forced Auditor Change: The Case of Former Arthur Andersen Clients[J]. Accounting Review, 82(3): 621-650.

Bunkanwanicha P, Fan J P H, Wiwattanakantang Y. 2008. Why do shareholders value marriage? [J] Unpublished manuscript, Chinese University Hong Kong.

Carcello J V, Nagy A L. 2004. Audit firm tenure and fraudulent financial reporting[J]. Auditing: A Journal of Practice & Theory, 23(2): 55-70.

Carey P, Simnett R. 2006. Audit Partner Tenure and Audit Quality[J]. The Accounting Review, 81(3): 653-676.

Chaney P K, Faccio M, Parsley D. 2009. The quality of accounting information in politically connected firms[J]. Journal of Accounting and Economics.

Chen C J P, Shimin C, Xijia S. 2001. Profitability Regulation, Earnings Management, and Modified Audit Opinions: Evidence from China[J]. Auditing: A Journal of Practice and Theory, 20(2): 9.

Chen C J P, Xiaohong L, Xijia S, Xi W. 2009. Auditor-Client Bonding and Audit Quality: Partner-Level Evidence[J]. SSRN eLibrary.

Chen C J P, Xijia S, Xi W. 2009. forced audit firm change, continued partner-client relationship, and financial reporting quality[J]. Auditing: A Journal of Practice and Theory 28.

Chen C J P, Xijia S, Xi W. 2010. Auditor Changes Following a Big 4 Merger with a Local Chinese Firm: A Case Study[J]. Auditing: A Journal of Practice and Theory, 29(1): 41-72.

Chen C Y, Lin C J, Lin Y C. 2008. Audit Partner Tenure, Audit Firm Tenure, and Discretionary Accruals: Does Long Auditor Tenure Impair Earnings Quality?[J]. Contemporary Accounting Research, 25(2): 415-445.

Chen K C W, Yuan H. 2004. Earnings management and capital resource allocation: Evidence from China's accounting-based regulation of rights issues[J]. Accounting Review, 79(3): 645-665.

Chen S, Sun S Y J, Wu D. 2010. Client Importance, Institutional Improvements, and Audit Quality in China: An Office and Individual Auditor Level Analysis[J]. Accounting Review, 85: 127-158.

Cheung S N S. 1983. The contractual nature of thefirm[J]. Journal of law and economics: 1-21.

Chi W, Huang H. 2005. Discretionary accruals, audit-firm tenure and audit-partner tenure: Empirical evidence from Taiwan[J]. Journal of Contemporary Accounting & Economics, 1(1): 65-92.

Chi W, Huang H, Liao Y, Xie H. 2009. Mandatory Audit Partner Rotation, Audit Quality, and Market Perception: Evidence fromTaiwan[J]. Contemporary Accounting Research/Recherche Comptable Contemporaine, 26(2): 359-391.

Choi J, Kim C, Kim J, Zang Y. 2010. Audit Office Size, Audit Quality, and Audit Pricing[J]. Auditing: A Journal of Practice & Theory, 29: 73.

Chow C. 1982. The demand for external auditing: Size, debt and ownership influences[J]. Accounting Review, 57(2): 272-291.

Chow C W, Rice S J. 1982. Qualified Audit Opinions and Auditor Switching [J]. Accounting Review, 57: 326.

Chung H, Kallapur S. 2003. Client importance, nonaudit services, and abnormal accruals[J]. Accounting Review, 78(4): 931-955.

Cingano F, Pinotti P. 2009. Politicians at work. The private returns and social costs of political connections[J]. Temi di discussione.

Claessens S, Feijen E, Laeven L. 2008. Political connections and preferential access to finance: The role of campaign contributions[J]. Journal of financial economics, 88(3): 554-580.

Coase R H. 1937. The nature of thefirm[J]. Economica, 4(16): 386-405.

Coase R H 1960. The problem of socialcost[J]. Journal of law and economics, 3: 1-44.

Cohen J, Hanno D. 2000. Auditors' consideration of corporate governance and management control philosophy in preplanning and planning judgments [J]. Auditing: A Journal of Practice & Theory, 19(2): 133-146.

Craswell A, Stokes D, Laughton J. 2002. Auditor independence and fee dependence[J]. Journal of Accounting and Economics, 33(2): 253-275.

Davis L R, Soo B S, Trompeter G M. 2009. Auditor Tenure and the Ability to Meet or Beat EarningsForecasts[J]. Contemporary Accounting Research, 26(2): 517-548.

DeAngelo L E. 1981a. Auditor independence, 'low balling', and disclosure regulation[J]. Journal of Accounting and Economics, 3(2): 113-127.

DeAngelo L E. 1981b. Auditor Size and Audit Quality[J]. Journal of Accounting and Economics, 3(3): 183-199.

DeFond M L. 1992. The Association Between Changes in Client Firm Agency Costs and Auditor Switching[J]. Auditing: A Journal of Practice and Theory, 11: 16-31.

DeFond M L, Francis J R. 2005. Audit Research after Sarbanes-Oxley[J]. Auditing: A Journal of Practice and Theory, 24: 5-30.

DeFond M L, Subramanyam K R. 1998. Auditor changes and discretionary accruals[J]. Journal of Accounting and Economics, 25(1): 35-67.

DeFond M L, Wong T J, S. Li. 1999. The impact of improved auditor independence on audit market concentration in China[J]. Journal of Accounting and Economics, 28(3): 269-305.

Dopuch N, King R, Schwartz R. 2001. An experimental investigation of retention and rotation requirements[J]. Journal of Accounting Research, 39(1): 93-117.

Dye R A. 1991. Informationally motivated auditor replacement[J]. Journal of Accounting and Economics, 14(4): 347-374.

Eichenseher J W, Shields D. 1985. Corporate director liability and monitoring preferences[J]. Journal of Accounting and Public Policy, 4(1): 13-31.

Eilifsen A, Messier W F. 2000. The incidence and detection of misstatements: A review and integration of archival research[J]. Journal of Accounting Literature, 19: 1-43.

Faccio M. 2006. Politically connected firms[J]. The American economic review, 96(1): 369-386.

Faccio M, Masulis R, McConnell J. 2006. Political connections and corporate bailouts[J]. The Journal of Finance, 61(6): 2597-2635.

Fama E, Jensen M. 1983a. Agency problems and residual claims[J]. Journal of law and economics: 327-349.

Fama E, Jensen M. 1983b. Separation of ownership and control[J]. Journal of law and economics: 301-325.

Fan J P H, Rui O M, Zhao M. 2008. Public governance and corporate finance: Evidence from corruption cases[J]. Journal of Comparative Economics, 36(3): 343-364.

Fei X. 1948. Rurual China[J]. Joint Publishing Press.

Ferguson A, Francis J Stokes D. 2003. The effects of firm-wide and office-level industry expertise on audit pricing[J]. Accounting Review, 78(2):

429-448.

Firth M, Rui O M, Wu X. 2011. How Do Various Forms of Auditor Rotation Affect Audit Quality? Evidence fromChina[J]. SSRN eLibrary.

Fisman R. 2001. Estimating the value of political connections[J]. American Economic Review, 91(4): 1095-1102.

Fracassi C, Tate G. 2009. External networking and internal firm governance [J]. SSRN eLibrary.

Francis J R, Wilson E R. 1988. Auditor Changes: A Joint Test of Theory Relating to Agency Costs and Auditor Differentiation[J]. Accounting Review, 63: 663.

Francis J, Yu M. 2009. The effect of Big Four office size on audit quality[J]. The Accounting Review, 84(5): 521-1552.

Francis J, Stokes D Anderson D. 1999. City markets as a unit of analysis in audit research and the re-examination of Big 6 market shares[J]. Abacus, 35(2): 185-206.

Francis J, Reichelt K, Wang D. 2005. The pricing of national and city-specific reputations for industry expertise in the US audit market[J]. The Accounting Review, 80(1): 113-136.

Frankel R, Johnson M, Nelson K. 2002. The relation between auditors' fees for nonaudit services and earnings management[J]. Accounting Review, 77: 71-105.

Geiger M A, Raghunandan K. 2002. Auditor tenure and audit reporting failures[J]. Auditing: A Journal of Practice & Theory, 21(1): 67-78.

Gensler H, Yang J. 1996. Auditing Standards of the People's Republic of China[M]. FT Law & Tax, Hong Kong.

Ghosh A, Moon D. 2005. Does auditor tenure impair audit quality[J]. The Accounting Review, 80(2): 585-612.

Goldman E, Rocholl J, So J. 2009. Do politically connected boards affect firm value?[J]. Review of Financial Studies, 22(6): 2331.

Gul F A, Jaggi B, Krishnan G. 2007. Auditor independence: Evidence on the joint effects of auditor tenure and non-auditfees[J]. Auditing: A Journal of Practice & Theory.

Gul F A, Fung S Y K, Jaggi B. 2009. Earnings quality: Some evidence on the role of auditor tenure and auditors' industry expertise[J]. Journal of Accounting and Economics, 47(3): 265-287.

Hao S, Jin Q, Zhang G. 2011. Investment Growth and the Relation between Equity Value, Earnings, and Equity BookValue[J]. The Accounting Review, 86(2): 605-635.

Haw I M, Qi D, Wu D, et al. 2005. Market Consequences of Earnings Management in Response to Security Regulations in China Discussion of "Market Consequences of Earnings Management in Response to Security Regulations in China"[J]. Contemporary Accounting Research, 22(1): 95-143.

Hogan, Jeter D C. 1999. Industry Specialization by Auditors[J]. Auditing: A Journal of Practice & Theory, (18): 1-17.

Hwang K K. 1987. Face and Favor: The Chinese Power Game[J]. American journal of sociology: 944-974.

IESBA. 2010. Code of ethics for professional accountants[M]. New York: International Federation of Accountants.

IFAC. 2007. handbook of international auditing, assurance, and ethics pronouncements (International Federation of Accountants).

Jensen M. 1983. Organization theory andmethodology[J]. Accounting Review, 58(2): 319-339.

Jensen M, Meckling W. 1976. Theory of the firm: Managerial behavior, agency costs and ownership structure[J]. Journal of financial economics, 3(4): 305-360.

Johnson E, Khurana I, Reynolds J. 2002. Audit Firm Tenure and the Quality of Financial Reports[J]. Contemporary Accounting Research, 19(4): 637-660.

Johnson S, Mitton T. 2003. Cronyism and capital controls: evidence fromMalaysia[J]. Journal of financial economics, 67(2): 351-382.

Johnson W B, Lys T. 1990. The Market for Audit Services: Evidence from

Voluntary Auditor Changes[J]. Journal of Accounting and Economics, 12 (1-3): 281-308.

Johnstone K. 2000. Client-acceptance decisions: Simultaneous effects of client business risk, audit risk, auditor business risk, and risk adaptation[J]. Auditing: A Journal of Practice and Theory, 19(1): 1-25.

Johnstone K M, Bedard J C. 2003. Risk Management in Client Acceptance Decisions[J]. The Accounting Review, 78(4): 1003-1025.

Johnstone K, Bedard J. 2001. Engagement planning, bid pricing, and client response in the market for initial attest engagements[J]. Accounting Review, 76(2): 199-220.

Khwaja A, Mian A. 2005. Do Lenders Favor Politically Connected Firms? Rent Provision in an Emerging Financial Market[J]. The Quarterly Journal of Economics, 120(4): 1371-1411.

Klein B, Crawford R, Alchian A. 1978a. Vertical integration, appropriable rents, and the competitive contracting process[J]. Journal of law and economics, 21(2): 297-326.

Klein B, Crawford R G, Alchian A A. 1978b. Vertical integration, appropriable rents, and he competitive contracting process[J]. Journal of law and economics, 21(2): 297-326.

Krishnan J. 1994. Auditor Switching and Conservatism[J]. The Accounting Review, 69(1): 200-215.

Krishnan J, Krishnan J. 1997. Litigation Risk and Auditor Resignations[J]. The Accounting Review, 72(4): 539-560.

Krishnan J, Stephens R G. 1995. Evidence on opinion shopping from audit opinion conservatism[J]. Journal of Accounting and Public Policy, 14(3): 179-201.

Krishnan J, Stephens R. 1996. The simultaneous relation between auditor switching and audit opinion: an empirical analysis[J]. Accounting and Business research, 26: 224-236.

Lee H, Mande V, Ortman R. 2004. The Effect of Audit Committee and Board of Director Independence on Auditor Resignation[J]. Auditing: A Journal of Practice & Theory, 23(2): 131-148.

Lennox C. 2000. Do companies successfully engage in opinion-shopping? Evidence from the UK[J]. Journal of Accounting and Economics, 29(3): 321-337.

Lennox C. 2005. Audit quality and executive officers' affiliations with CPA firms[J]. Journal of Accounting and Economics, 39(2): 201-231.

Leuz C. 2003. IAS versus U. S. GAAP: Information Asymmetry-Based Evidence from Germany's New Market[J]. Journal of Accounting Research, 41(3): 445-472.

Lim C Y, Tan H T. 2010. Does Auditor Tenure Improve Audit Quality? Moderating Effects of Industry Specialization and Fee Dependence[J]. Contemporary Accounting Research, 27(3): 923-957.

Liu F, Su X, Wei M. 2010. The Insurance Effect of Auditing in a Regulated and Low Litigation Risk Market: An Empirical Analysis of Big 4 Clients in China[J]. SSRN eLibrary.

Manry D, Turner J L, Mock T J. 2008. Does Increased Audit Partner Tenure Reduce Audit Quality?[J]. Journal of Accounting, Auditing and Finance, 23(4).

Mautz R, Sharaf H. 1961. The philosophy ofauditing[M], American Accounting Association.

McKinley S, Pany K, Reckers P. 1985. An examination of the influence of CPA firm type, size, and MAS provision on loan officer decisions and perceptions[J]. Journal of Accounting Research, 23(2): 887-896.

Menon K, Williams D D. 2004. Former Audit Partners and Abnormal Accruals[J]. The Accounting Review, 79(4): 1095-1118.

Menon K, Williams D. 1994. The insurance hypothesis and market prices[J]. Accounting Review, 69(2): 327-342.

Myers J N, Myers L A, Omer T C. 2003. Exploring the Term of the Auditor-Client Relationship and the Quality of Earnings: A Case for Mandatory Auditor Rotation?[J]. Accounting Review, 78: 779-799.

O'Keefe T, Simunic D, Stein M. 1994. The production of audit services:

Evidence from a major public accounting firm[J]. Journal of Accounting Research, 32(2): 241-261.

Palmrose Z. 1986a. Audit fees and auditor size: Furtherevidence[J]. Journal of Accounting Research, 24(1): 97-110.

Palmrose Z. 1986b. The effect of nonaudit services on the pricing of audit services: Further evidence[J]. Journal of Accounting Research, 24(2): 405-411.

PCAOB. 2003. Interim Standards: QC20, QC30, QC40.

PCAOB. 2004. Standing Advisory Group Meeting: Potential Standard-Elements of Quality Control.

PCAOB. 2010. Standing Advisory Group Meeting: Dsigning and Implementing a System of Quality Control.

Petersen M A. 2009. Estimating standard errors in finance panel data sets: Comparing approaches[J]. Review of Financial Studies, 22(1): 435.

Petty R, Cuganesan S. 1996. Auditor Rotation: Framing the Debate[J]. Australian Accountant, 66: 40-42.

Pratt J, Stice J. 1994. The effects of client characteristics on auditor litigation risk judgments, required audit evidence, and recommended audit fees[J]. Accounting Review, 69(4): 639-656.

Ramanna K, Roychowdhury S. 2010. Elections and discretionary accruals: Evidence from 2004[J]. Journal of Accounting Research, 48(2): 445-475.

Reichelt K J. Wang D. 2010. National and Office-Specific Measures of Auditor Industry Expertise and Effects on Audit Quality[J]. Journal of Accounting Research, 48(3): 647-686.

Reynolds J K, Francis J R. 2000. Does size matter? The influence of large clients on office-level auditor reporting decisions[J]. Journal of Accounting and Economics, 30(3): 375-400.

SEC. 1994. Staff Report on Auditor Independence. Washinton. D. C., Government Printing Office.

Shu S Z. 2000. Auditor resignations: clientele effects and legalliability[J].

Journal of Accounting and Economics, 29(2): 173-205.

Teoh S. 1992. Auditor independence, dismissal threats, and the market reaction to auditor switches[J]. Journal of Accounting Research, 30(1): 1-23.

Titman S, Trueman B. 1986. Information quality and the valuation of new issues[J]. Journal of Accounting and Economics, 8(2): 159-172.

U S Senate. 1977. Improving the Accountability of Publicly Owned Corporations and Their Auditors. A. c. the Subcommittee on Reports, and Management of the Committee on Government Affairs, Washington D C. : Government Printing Office.

Wallace W, Ross T. 1980. The economic role of the audit in free and regulated markets: Graduate School of Management[J]. University of Rochester.

Wallman S M H. 1996. The future of Accounting and Financial Reporting-Reliability and auditors Independence: Part Ⅲ[J]. Accounting Horizons, (December): 76-97.

Wang Q, Wong T J, Xia L. 2008. State Ownership, the Institutional Environment, and Auditor Choice: Evidence from China[J]. Journal of Accounting and Economics, 46(1): 112-134.

Watts R L, Zimmerman J L. 1983. Agency Problems, Audting, and The Theory of the Firm: Some Evidence[J]. Journal of Law & Economics, 26(3): 613-633.

Watts r L, zimmerman j L. 1986. Positive Accounting Theory[M]: prentice-hall.

Weber M. 1951. The Religion of China: Confucianism and Taoism[M]: Free Press.

Willenborg M. 1999. Empirical analysis of the economic demand for auditing in the initial public offerings market[J]. Journal of Accounting Research, 37(1): 225-238.

Williamson O. 2002. The theory of the firm as governance structure: from choice to contract[J]. Journal of Economic Perspectives, 16(3): 171-195.

Williamson O E. 1979. Transaction-Cost Economics: The Governance of

Contractual Relations[J]. Journal of law and economics, 22(2): 233-261.
Williamson O E. 1985. The Economic Institutions of Capitalism[M]. New York, The Free.
Xue S, Ye F T, Hong Y. 2013. Partner-Client Relationship and Auditor switches[J]. China Journal of Accounting Studies, 1(2): 114-137.
Yang m h m. 1994. Favors, and Banquets: The Art of Social Relationships in China[M]. New York: Cornell University Press.